REISEN UM GLÜCKLICH ZU SEIN

REISEN UM GLÜCKLICH ZU SEIN

Eine Reihe. Herausgegeben von Hansjörg Graf

Jean Giono
In Italien um glücklich zu sein
Aus dem Französischen von Peter Gan. 1984.

William Golding
Ein ägyptisches Tagebuch
Aus dem Englischen von Renate Orth-Guttmann. 1987.

Julien Green
Meine Städte
Aus dem Französischen von Helmut Kossodo. 1986.

Julien Green
Paris
Aus dem Französischen von Helmut Kossodo. 1985.

Henry James
Eine kleine Frankreich-Tour
Aus dem Englischen von Jörg Trobitius. 1986.

Henry James
In England um glücklich zu sein
Aus dem Englischen von Nikolaus Stingl. 1988.

Julius Meier-Graefe
Spanische Reise
1984.

Henri de Régnier
In Venedig leben
Aus dem Französischen von Hella Noack. 1988

Max Picard

NACH SANTA FOSCA

Tagebuch aus Italien

Mit einem Nachwort von Michael Picard

List Verlag

NACH SANTA FOSCA erschien erstmals unter dem
Titel ZERSTÖRTE UND UNZERSTÖRBARE WELT 1951
im Eugen Rentsch Verlag, Erlenbach–Zürich.

Umschlagentwurf: Design Team, München
Umschlagmotiv: Ambrogio Lorenzetti († 1348),
Citta, Gemälde (Ausschnitt).
Siena, Pinakothek.
(Bildarchiv Preußischer Kulturbesitz, Berlin)

ISBN 3-471-78425-X

 Printed in Austria
Satz: Utesch Satztechnik GmbH, Hamburg
Druck und Bindung: Wiener Verlag, Himberg

Jedes Gebilde auf Erden ist als eine den finstern, anorganischen oder titanischen Mächten durch die Licht- oder Sonnmacht entrissene Siegesbeute zu betrachten, und keines derselben ist bei einer näheren Betrachtung ohne eine Verletzung oder Difformität aus diesem großen Kampfe des Lichts mit der Finsternis, des Lebens mit dem Tode, davongekommen.

FRANZ VON BAADER

MAILAND

8. August 1949

So sehr ist die Stadt Stein, nur Stein, daß es ist, als hätten sich die Steine selber zusammengestellt, aufeinandergelegt zu Häuserblöcken.

Es scheint, daß die Menschen in den Straßen nicht von sich aus gehen; primär ist eine Bewegung an sich da, sie ist wie außerhalb des Menschen, wie eine Lauftreppe in den Warenhäusern, und von dieser Bewegung an sich werden die Menschen angesogen, sie gehen mit der Bewegung mit.

Ich schaue vom Fenster eines Hauses hinab auf die Straße: rasch fahren die Autos, als fürchteten sie, daß die Fläche der Erde unter ihnen bräche. Ein Autocar trollt sich jetzt durch die Straße, wie ein Ichthyosaurus aus Metall. Was am Anfang der Zeiten organisch, mit Substanz gefüllt war, kehrt an ihrem Ende mechanisch, leer wieder: die Ichthyosaurier trollen sich wieder auf der Ebene der Erde, nicht mehr aus Fleisch und Blut, sondern aus Metall und gelber Anilinfarbe, die Riesenautos. Bald wird die Welt auch ohne Lüge sein, aber nicht wie es am Anfang war, weil es nur die Wahrheit gibt, sondern weil die Lüge heute imstande ist, sich so zu kostümieren, daß sie wie die Wahrheit aussieht.

Ich bin in der Kirche S. Ambrogio. Das Innere hat etwas Unterirdisches, so als ob das Schiff langsam tiefer sinke, es ist, als würde die nie aufhörende Bewegung der Stadt das Schiff hinabdrücken, als löse sich die Erde auf unter dieser Bewegung. Aber durch die Fenster an den

Seitenwänden dringt das Licht herein, wie helle Balken geht das Licht von einem Fenster der Wand zum gegenüberliegenden Fenster und hält das Schiff der Kirche oben. Vom Chor her, von der Decke des Chors geht ein nebliger, goldig schimmernder Glanz aus, der sich im ganzen Raum verbreitet und das Sinkende und das Feste miteinander verbindet.

Nachmittags

Ich gehe den Naviglio, dem Kanal von Mailand, entlang. Wie ein Gefangener schleppt er sich dahin, wie geprügelt war er, als ein Kran mit bösen Hacken auf ein Schiff im Naviglio hinunterstieß.

Das freie Feld fängt allmählich an, aber es ist nicht die unversehrte Natur, es ist Natur, die sich selber korrumpiert, im voraus, bevor sie vom Menschen korrumpiert wird.

Ich schaue die Menschen an auf dem Rückweg gegen die Stadt. Entleert sind fast alle Gesichter, gleichmäßig entleert, ein Typus der gemeinsamen Leere ist entstanden, es ist, als sei dieser Entleerung ein furchtbares Ereignis vorhergegangen, etwas wie nochmals ein Sündenfall, ein kleinerer, unnützer, schäbiger, der den Menschen nicht jenen Tod brachte, durch den das Leben abgeschlossen wird mit einem Ende, sondern den Tod, der dauernd im Leben selbst, unaufhörlich still, wühlt und es aushöhlt. *Alle* werden leer, darum fällt nicht auf, was geschah. Aber das unhörbare, fortwährende Abbröckeln im Innern macht die Menschen unruhig und nervös.

Plötzlich erscheint vor mir unter den vielen Zerstörten ein unversehrtes Gesicht, es allein ist jetzt da, die zerstörten Gesichter erscheinen nun unwirklich, nur wie von einem Projektionsapparat auf die Wand geworfen.

Durch Bomben zerstörte Häuser liegen an der Straße, die Zerstörung ist nicht wie von außen gekommen, sie scheint im Wesen der Stadt zu sein; vielleicht hat das langsame unhörbare Zerbröckeln des wirklichen Lebens in der Stadt sich einmal gesammelt zu einem donnernden Zusammenbruch: die Bombe macht das laut, was sonst leise geschieht. Manchmal sieht so ein auseinandergebrochenes Haus aus wie Selbstmord: Selbstmord der Häuser, die nicht mehr leben wollen.

Allmählich wurde es dunkel. Bald war es so, als ob die Menschen nicht vorwärts kämen, – die Dunkelheit allein bewegte sich, sie drang zuerst aus den Seitengassen hervor, etwas Kriechendes, Wurmartiges hatte die Dunkelheit, wie sie zwischen den Wänden der Häuser sich weiterschob. Lichter erschienen, rote, grüne, blaue: die Dunkelheit leuchtete sich selber vorwärts. Der Nebel legte sich über die Dunkelheit. Ein Glanz lag auf dem Nebel: das war wie der Glanz des Auges, das durch den Nebel von oben durch das Dunkel sah.

Am Abend besuchte mich mein Freund B. R. Er ist Schriftsteller. Wenn er schreibt, wirft er das Herz voraus und die Worte folgen ihm nach: wie der Reiter das Herz vorauswirft, bevor er den Sprung über den Graben macht, das Pferd folgt dem Herzen nach.

10. August

In der Dämmerung am Morgen schaue ich vom Hotelfenster auf die Stadt herab: sie war wie ein anderes Pompeji, ausgegraben aus dem Schutt, auch der Himmel war leer, weggeschaufelt auch von ihm alles, was an ihm hing. Da fing im obersten Stock eines Hauses in einem Zimmer ein Licht an zu brennen. Das war wie der Wächter vom Pompeji, am Eingang, es war etwas sehr Freundliches: Menschen kommen vorbei dort, wo der Wächter ist.

Am Vormittag in der Biblioteca Ambrosiana: ich erschrak zuerst; die Bilder, die in einer Reihe aufgehängt waren, – wie eine Versammlung der Vögel im Herbst erschienen sie mir, wenn sie sich bereit machen zum Fortgehen. Wie etwas, das schon nicht mehr bei uns ist, sind die Reihen der Bilder in den Museen. Manchmal scheint es, als ob ein Bild das andere anschaue: Bilder unter sich, sich anschauend und den Menschen dazwischen übersehend.

Ich war beglückt über die Zeichnungen auf den griechischen Vasen. Das Schöne war, daß die Streifen der Bilder, die rings um die Vasen gingen, wie zufällig sich hier herumgewunden hatten, zufällig hatten sie sich hier niedergelassen, wie auf einer Reise hatten sich die Figuren getroffen und blieben nun beieinander.

Ein Bild von Pinturicchio: eine große Macht ist in dem Bilde, die Dinge werden hineingesogen in das Bild, auch der Zuschauer, auch er ist in ihm darin, er bewegt sich darin.

Ein Bild von Botticelli: es ist, als seien zuerst die Linien des Umrisses mit einem Zauberstift in die Luft gemalt worden, – dann schlüpften die Heiligen von selber in den Umriß hinein.

Raffaels Schule von Athen: alles kann in diese Zeichnung, die eine Welt ist, eintreten und teilnehmen an der Ordnung dieser Welt.

Unbehaglich ist es mir nach dem Besuch des Museums. Die Bilder hängen so richtig, so abgestimmt aufeinander und auf den Saal, es ist wie in einem Salon, eingerichtet vom »ersten Innenarchitekten«. Das Museum Unterlinden in Kolmar kommt mir in die Erinnerung. Dort sind die Bilder wie der Troß eines mächtigen Heerlagers. Die Bilder und die alten Dinge sind als *Sachen* da, als »res«, sie sind nicht abgetrennt von der Stadt in einem schönen Gefängnis, sondern ihr so nahe, als könnte jedes Bild und jedes Ding fortwandern in ein Haus der Stadt, zurückkehren zu ihm.

Auf dem Rückweg ging ich in den Dom. Viele Menschen eilen durch den Dom, seitlich vom Chor eintretend und beim Portal den Dom verlassend, als ob eine Straße durch den Dom ginge, der Dom wird so unmittelbar zum Teil der Stadt, ihrer täglichen Bewegung, das Profane ist eng verbunden mit dem Sakralen: jeden Augenblick kann alles Profane vom Sakralen überwölbt werden.

Ein belgischer Benediktiner vom Kloster Chevretogne kommt auf mich zu: er ärgerte sich über die Menschen, die leicht wie Bächlein über den Boden des Domes gingen und leicht wie Bächlein murmelten. Er ärgerte sich über die Italiener überhaupt, die wie Kinder oder wie die Heiden ohne eine innere religiöse Spannung dahinlebten, im Gegensatz zu dem nördlichen Menschen. Mir scheine, sagte ich, daß es genüge, ja daß es das Richtige sei, wenn nur ein paar Menschen, wenige, in einem Volk in der angestrengten inneren Spannung hin zum Religiösen sich bewegten, es genüge, denn diese wenigen übernähmen die Spannung für die anderen, die wenigen sind die Beauftragten der übrigen, – diese übrigen aber hätten auch eine Aufgabe: sie übernähmen es für die wenigen, dem Religiösen als dem Selbstverständlichen zu begegnen. Das ist nur möglich, wo die Menschen noch in einem Zusammenhang miteinander leben, so daß die wenigen das Wichtige für alle besorgen können, und die vielen das Wichtige für die wenigen, in Italien ist der Zusammenhang der Menschen untereinander noch da.

Ich schaue im Dome die Säulen entlang, wie sie von unten nach oben gehen. Sie sind mehr als bloß Werkzeuge, den Raum in die Höhe zu nehmen, sie sind wie durch die Erde, aus der Tiefe der Erde her, durch den Domboden hindurchgewachsen und wachsen immer weiter, auch in der Dicke, und so, im Wachsen nach oben, nehmen sie nebenbei auch den Raum mit nach oben. So dicht sind die Säulen, daß die Lichter nur wie Ritzen zwischen den Säulen erscheinen.

Abends

Ich lese einige Seiten der italienischen Übersetzung von Rilkes Duineser Elegien. Es gibt keinen allmählich ansteigenden Weg zu Rilke, man muß einen Sprung hinaufmachen, es ist so, wie wenn ein Flugzeug nicht zuerst sich langsam abrollte von der Erde, sondern schon oben sich befindet, sobald der Motor läuft.

Ist es das Dichterische, das sehr Dichterische, das die Menschen zu Rilke treibt? Ich glaube es nicht, es ist die große Einsamkeit bei Rilke, die die Menschen anzieht, sie holen bei ihm das Quantum Einsamkeit, das sie brauchen, um sich selber damit aus der eng aufeinander sich drückenden Masse herauszuholen. Rilke ist zum Lieferanten der Einsamkeit in einer vermassten Gesellschaft degradiert, so, wie Anfang der zwanziger Jahre

Dostojewskis innere Leidenschaft dazu degradiert wurde, die expressionistische Dynamis zu motorisieren. Der Dichter gilt nicht als Dichter, man benützt ihn nur für die eigene psychologische Apparatur. Das Gedicht aber fängt an, sich selber zuzusingen, es über-singt das psychologische Gewirr unter ihm.

15. August

Am Morgen im Bahnhof innen: wie durch einen bösen Lift aus der Tiefe der Erde heraufgehoben, erscheint mir der Bahnhof. Neben dem Glasdach oben ist ein Stück Himmel: als sei er geraubt, schäbig geraubt, so wie ein kleiner Dieb im Vorbeigehen von einem Verkaufskarren eine Tafel Schokolade stiehlt. Die Menschen im Bahnhof sind ohne Gestalt: dunkle Streifen, oben ein wenig weißlich punktiert, Streifen, die sich bewegen und im nächsten Augenblick vielleicht in der Luft verschwinden. Eine Bäuerin mit einem großen Gepäcksack lehnt sich an die Wand, ein vierjähriges Kind mit dem Finger im Mund schaut über den oberen Rand der Halle hinweg den schmalen Bogen des Mondes an: ein neuer Bogen entsteht zwischen dem Mond und den Augen des Kindes, – und unter diesem neuen Bogen werden die dunklen Streifen wieder zu Menschen.

Der Zug fährt ab. Die Häuserreihen der Stadt rücken nach hinten, indes wir uns vorwärts bewegen, aber es ist, als ob sie hinten sich an den Zug anschlössen, flüchteten, auswanderten mit uns. Die Stadt löst sich auf und wir gehen allmählich auf eine neue Weite zu.

Rückwärts schauend sehe ich noch ein paar Hochhäuser, sie haben keine Beziehung zur Horizontalen mehr, sie gehen in die Höhe, als ob sie nicht von der Ebene der Erde, nicht von einer Horizontalen herkämen, ja als ob es keine Horizontale gäbe. Diese Bewegung nach oben hat nicht einmal eine Beziehung zur Höhe, das Hochhaus spürt keinen Widerstand, indem es sich nach oben bewegt, es hat nicht das Gewölbe des Himmels gegenüber, überhaupt nichts, es weiß gar nicht, was ein Gegenüber ist, es ist wie mechanisch immer weiter nach oben gebohrt von einer Apparatur, die man einstellt auf ein bestimmtes Höhenmaß.

Heute wird nicht schlecht gebaut in dem Sinne, daß noch das Bild des Guten vorhanden wäre von dem der schlechte Plan abfällt, heute ist primär die Formel des schlechten Bauens da, – so ist auch das zerfallene Gesicht heute nicht mehr dekadent, nicht mehr herabgefallen, weggefallen vom ganzen Gesicht, sondern es ist primär das zerfallene, reduzierte Gesicht da.

CANNOBIO AM LAGO MAGGIORE

19. August

Auf den Jahrmärkten früher ging immer ein Mann herum, der einen Holzkasten umgehängt hatte, man warf ein kleines Geldstück in den Schlitz des Kastens, der Deckel hob sich und vor einem war das Modell eines Bergwerkes: Schächte und Gruben, in denen winzige Holzmännlein mit einem Hämmerchen Steine von der Wand schlugen, kleine Förderwagen rollten auf Schienen und verschwanden in Tunnels, ein Glöcklein läutete, ein Wagen mit Steinen wurde abgeladen, blaue und rote Signale blitzten irgendwo auf, Wasser rauschte von einer Steinwand herab, und jetzt fingen Bergknappen im Sonntagsstaat auf ihren kleinen gelben Instrumenten an, ein Lied zu spielen. Dann fiel der Deckel wieder zu.

So war heute Cannobio: eben aufgedeckt, hoch war die Decke des Himmels und zusammengedrängt wie in einem Kasten das Städtchen.

Es war Markt auf dem Platz am See, es war laut auf dem Markt, der Lärm brach wie aus dem Boden hervor und wand sich zwischen den Menschen hindurch. Die Häuser dahinter, längs des Marktes, waren wie taub, in Taubheit aneinander gedrängt.

Ich gehe in den engen Gassen der kleinen Stadt herum. Am schönsten sind die Gärten bei den Häusern, sie sind zwischen hohen Steinmauern, als ob die Mauern die Gärten festhalten müßten. Ich sah die Gärten selber nicht, nur hie und da den obersten Teil eines Feigenbaumes oder den breiten Ast eines Kampherbaumes über die Mauer hinausragen, es war mir, als ob der Garten zwischen den Mauern versinke.

Ich stehe jetzt vor einem alten Haus. Der Mauerbelag bröckelt ab, als ob er gar nicht mehr am Haus wäre, das Haus, so schien es, hat sich nach innen zurückgezogen. Auch die Fenster schauen zurück gegen etwas Dunkles innen. Man sah das Dunkle durch das Fenster hindurch, das Haus war innen damit ausgeschlagen, es war, wie wenn ein Sterbender sich vor sich selbst verbergen will. Der Garten war verwildert, aber die Tulpen waren heftig rot, als wollten sie sich noch in die Luft eingraben mit dem Rot, ehe sie weggerissen würden.

Ich bin im freien Feld, ich sehe in das Cannobina-Tal hinein, das den Lago Maggiore mit dem Vigezzo-Tal verbindet. Das Tal kommt zwischen den Bergen her heftig auf einen zu, wie etwas Fliehendes, wie Tiere flüchten vor dem Feuer, das hinter ihnen brennt. Vor dem Städtchen aber, vor Cannobio, wird das Tal breit und ruhig, geborgen ist es: der Mensch ist jetzt in der Nähe, der Mensch.

Ich gehe weiter in das Tal hinein. Ein großes Haus stand links am Wege. Alle Fenster waren offen, sie waren leer, als ob sie sich durch zu vieles Sehen leer gesehen hätten, die Läden fehlten an den Fenstern, wie die Wimpern an den Augen eines alten Mannes fehlen und die Ränder schrundig werden.

Jetzt bin ich im ersten Ort des Tals. Ich kam fast nicht vorwärts. Die Zeit, die nicht ablaufende Zeit, war hier, die Zeit war hier noch in einem großen Block. Wenn fern von dem Ort, draußen in der Welt, die Zeit sich einmal allzu heftig bewegt, so rüttelt das nicht am Block der Zeit, nur ein Stückchen Mauerbelag fällt hier an einem

Hause ab. Ein tiefer Ton war über dem ganzen Dorf, er kam vom Rauschen des Flusses her, aber er ward aufgesogen von dem Block der Zeit: die Zeit, die sich nicht bewegte, fing zu tönen an.

Ein Mann saß oben im letzten Stock eines Hauses am Fenster und rauchte. Das Haus unter ihm hätte weggezogen werden können, – er wäre so, wie er war, in der Luft geblieben und hätte weitergeraucht, so fest bleibt alles hier stehen.

Zwischen zwei Häuserreihen stürzte ein Weg heftig dem Fluß zu: es war eine Flucht, die letzte Anstrengung, sich der Unbeweglichkeit zu entziehen, aber das Fliehende wurde zurückgerissen, eingeklemmt zwischen den zwei Häuserreihen.

Ein paar große Paläste waren im Ort, sie standen da wie schwere Gewichte, als habe der Block der Zeit sich mit ihnen wägen wollen, aber sie waren heruntergefallen von der Waage.

Ich ging weiter. Manche Häuser hatten kein Dach mehr, sie waren wie aufgedeckte Gräber, Gräber der Häuser, und die Menschen stolperten daran vorbei, wie Tiere über ein totes Tier stolpern. Hinten im Tal, am Ende des Weges, war ein Wasserfall. Zwei Frauen, Fremde, saßen vor einer kleinen Wirtschaft um einen Tisch, sie sahen nicht auf, als ich grüßte, sie sahen mich nicht, es war, als hätten sie hier das Sehen verlernt.

Ich höre das Wasser die Felsen herunterfallen. Ein Kahn war unten am Fluß, unter der Brücke, auf der ich stand, mit dem man bis zum Wasserfall fuhr. Ich hätte mich nicht getraut, auf dem Kahn zum Wasserfall zu fahren. Der Fluß war hier schmal, wie ein Kanal in eine andere Welt, es war mir, als ob dort, wo ich das Fallen hörte, die Zeit selber sich hinunterstürze, der Block der Zeit sich bewegend in die Welt.

So ist das erste Dorf im Cannobina-Tal. Die Menschen dieses Tales sind anders, als man erwartet, wenn man dieses Dorf gesehen hat. Die Frauen kommen oft nach Cannobio, besonders an den Markttagen. Man kennt sie sofort, sie sind heiter, frisch, wie eben in die Welt getreten, sie schauen die Dinge an und werden von ihnen im gleichen Maße angeschaut, dadurch sind sie in einem wunderbaren Gleichgewicht.

Immer sieht man nur wenige von ihnen, aber doch ist es, als gäbe es viele, als gehörten sie zu einem ganzen Stamm. Das Gesicht hat entschiedene Linien, aber die Entschiedenheit wird gemildert durch die sanfte Röte der Wangen, die dem Lichte breit hingehalten sind und wie Spalierpfirsiche das Licht freundlich aufnehmen, die Frische des ersten Lichtes ist auf ihnen. Die Stirnen sind nicht hoch, langsam und scheu wölben sie sich vor. Immer sind sie zu zweit oder dritt, als ob es ein Wagnis wäre, allein zu gehen.

24. August

Viele Mädchen lagen im Sand am Ufer des Sees zum Baden. Die Körper lagen da im Sand wie helle Blöcke, fast unbeweglich, aber die Köpfe darauf waren wie Schmetterlinge, sich hin und her wiegend auf den weißen Felsen der Körper. Wenn ein Arm sich hob, war es, als wolle er den Schmetterling fangen. Eine Schar weißer Enten flog plötzlich daneben in den See: das war wie herabfallender Schnee des Sommers.

29. August

Jeden Morgen, schon um 5 Uhr, steht die lange, magere Maddalena in der Mitte des Platzes am See, sie steht fast unbeweglich da, wie ein Bild von sich selber, das die ganze Nacht und alle Nächte vorher schon dagestanden wäre, und als ob sie an diesem unsichtbaren Bild immer mehr in die Höhe wüchse.

Sie hatte einen kleinen, mageren Mann geheiratet. »Passe auf«, sagte der Nachbar Roberto zu ihr, »wenn Du ihn in ein Schüsselchen vor dein Fenster stellst, meinen die Vögel, er sei ein Korn und picken ihn auf.«

Sie schämte sich seiner auf der Hochzeitsreise. Mit einem Wagen und zwei Pferden, die ein großer, schwerer Kutscher leitete, fuhren sie nach Varese. Dort setzte sie den Mann in einem Wirtshaus ab und nahm den Kutscher am Arm. Mit dem großen, schweren Kutscher besuchte sie nun die Verwandten und sagte, das sei ihr Mann.

Wir gingen am Hause des Kaufmanns Pesaro vorbei. Er war ein Jude. Der Freund sagte: »Das Geschäft ist geschlossen, es ist Samstag. Aber kommt zu ihm am Freitag abend auch eine Christin, die im Hause alle Lichter löscht? Jeden Freitag abend erschien bei uns das Meili und löschte die Lichter, und am Samstag morgen erschien es wieder und zündete, noch ehe wir erwachten, die Petroleumlampen an, und mittags machte es das Feuer im Herd, die Juden dürfen am Sabbath keine Lichter anzünden und kein Feuer im Herd anmachen, so streng muß der Sabbath gehalten werden. Das Meili kam also, es gehörte zum Sabbath, wie das besondere Essen am Sabbath und die Gebete. Es war klein, ein wenig bucklig, selber wie ein Licht-Strünklein, ein Kerzenrest, immer ein wenig vor sich herredend, dazwischen auch die schmalen Backen ein wenig aufblasend. Die Lichter also begannen zu brennen – so schien es mir, dem Kinde –, wenn das Meili in ihre Nähe kam, und es ward dunkel, wenn das Meili von den Lichtern weg aus dem Hause fortging.

Eines Tages mußte ich dem Meili einen Kuchen in das Haus bringen, wo es wohnte. Das Meili war für mich immer nur etwas gewesen, das zum Lichte gehörte. Jetzt sah ich, daß es wie alle andern Menschen auch in einem Haus wohnte und in einer Küche kochte. Aber nun kam mir das Meili erst recht als eine Zauberin vor: hier, in dem Haus und in der Küche schien es wie alle andern Frauen zu sein, aber dann, wenn es zu uns kam, war das Meili wie zum Zauber des Lichtes gehörend, es war da, wenn das Licht da war und es verschwand wieder, wenn das Licht verschwand, das Meili nahm das Licht mit.«

Wir gehen weiter durch das Städtchen. Es erschreckt mich, wie die Katzen durch die Gassen schleichen, als ob schon überall Ruinen wären, sie gehen so, als bewegten sie sich über zerstreut liegende Steine, Umwege machend und den imaginären Löchern aus dem Wege gehend.

4. September

Wir gingen in den Wald oberhalb des Städtchens. Es war still. Wir kamen vorwärts wie von den Wellen der Stille bewegt. Die Stämme der Bäume waren ganz umfaßt von der Stille, nie sah ich die Linien der Stämme so deutlich wie jetzt.

Wir sahen einen Menschen auf dem oberen Weg zwischen den Bäumen hindurchgehen, wir hörten ihn nicht, wir sahen ihn nur. Der Mensch war wie ein Gestirn, das seine Bahn zog. Zwischen den Ästen der Bäume erschien der Mensch und verschwand wieder in ihnen, wie ein Gestirn zwischen den Wolken.

Jetzt bewegten sich dort, wo der Mensch ging, die Äste, sie fingen das Licht ein zwischen sich, und es war, als wollten sie auch den Menschen zwischen sich einfangen.

10. September

An der Türe der Post stand die Schwester der Posthalterin. Sie war böse, man sah das Böse deutlich in ihrem Gesicht, es war ausgestellt, wie an Haken aufgehängt. Wenn sie die Augen bewegte, zitterte das Böse an allen Haken des Gesichts. Sie war verwachsen, aber sie war noch mehr bös als verwachsen. Es war, als versuche der Körper, sich wie eine Binde, die um eine Wunde gelegt wird, um das Böse herumzuwinden, aber das Böse schlug neben dem Körper noch hinaus, aus ihrem Mund mit Geschrei, aus ihren Augen mit den Blicken. Der Raum schien sich leer zu machen vor ihr, er schien sich zu ducken vor ihr, sie wuchs mit ihrem Bösen in den Raum hinein. Die Schwester, die Posthalterin, saß da, eng an den Schalter gedrückt, ein Lächeln war immer auf ihrem Gesicht, vom Mund ging das Lächeln aufwärts gegen die Wangen und hob sich von den Wangen weg in den Raum davor, es schuf diesen Raum, und in ihm, den sie fortwährend mit dem Lächeln schuf, lebte sie.

Es gibt heute auch ein Bösesein, nicht aus Sünde, nicht aus Leidenschaft, sondern der Methode wegen, der

Form wegen. Wie Barrès und Maurras katholisch sind, nicht wegen des Inhaltes, sondern wegen der Form, der Strenge und Deutlichkeit des Katholizismus wegen, so ist man heute böse der Form wegen: in einer aufgelösten Welt, wo nichts mehr deutlich ist, erscheint das Böse allein noch als das Deutliche, Feste, Geformte, man ist böse, um sich deutlich zu machen in einer aufgelösten Umgebung: das ist eine Degradation des Bösen, ein Mißbrauch des Bösen.

25. September

Es regnet und regnet, der Himmel oben und die Erde unten sind fast verschwunden vor dem Regen, nur ihre Ränder sind noch da. Eine tönende Stille ist draußen, die durch die regelmäßig fallenden Tropfen entsteht.

Der Boden der Erde mit den paar Bänken an der Straße ist wie Strandgut, angeschwemmt vom Strom des Regens.

Jetzt geht ein Mann im Regen. Die Wand des Regens scheint zurückzuweichen vor seinem Tritt, aber sie schließt sich wieder hinter ihm, er ist verschwunden.

Plötzlich liegt ein Licht mitten auf dem See. Nie sah ich je ein Licht, das wie dieses so sich selbst gehörte: es strahlte sich selbst an und saugte sich selber auf.

30. September

Heute ging ich zum signor Carpugnani, ihm die Miete zu bezahlen. Ich hatte ihn noch nicht gesehen, aber ihn gehört. Das Haus, in dem er wohnte war an das angebaut, das ich von ihm gemietet hatte, und das Zimmer, in dem ich schlief, war nur durch eine verschlossene Holztüre vom Zimmer im anderen Hause getrennt. Die ersten

Wochen hörte ich am Morgen noch nichts nebenan, dann merkte ich ein sanftes Atmen, das Atmen wurde von Tag zu Tag lauter, vor acht Tagen begann ein Husten, Räuspern und Spucken, es schien wie eine Gesellschaft von Hustenden und Spuckenden. Es war aber immer nur einer, der signor Carpugnani. Tagsüber begann jetzt ein Brüllen im Hause, die Türen wurden fest zugeschlagen, Stühle manchmal zum Fenster hinausgeworfen. Carpugnanis Haus war ein Herrenhaus aus dem 17. Jahrhundert. Die Carpugnanis waren ein Mailänder Patriziergeschlecht, sechsspännig waren sie einst jedes Jahr im Frühling von Mailand nach Cannobio in die Sommerresidenz gefahren. Fort waren die Pferde, die Kutscher, die Diener, geblieben war nur noch der verschuldete Sommersitz und zwei Häuser mit Bauern, die das noch nicht verkaufte Land bebauten. Geblieben war auch il signor Carpugnani, der *Herr* Carpugnani, der herrschen wollte, er herrschte über das, was er hatte, und über das, was er nicht hatte. Er machte nur die Gesten des Befehlenden, es war ihm gleichgültig, über was er befahl. In dieser Hinsicht war er modern, er war ohne Objekt, pure Geste des Herrschenden.

Carpugnani stand auf vom Stuhl am Schreibtisch, der voller verstaubter Schriftstücke war, die Papiere waren wie eine Unterlage für den Staub, der Staub galt, die Papiere nicht, die Papiere hatte man vergessen wegzuräumen, den Staub nicht, er war rechtmäßig da.

Der Mann war fest und mächtig, er stand da wie ein Bär, der gelernt hatte, eine Zeitlang auf zwei Beinen zu stehen und der bereit war, im Niederfallen einen mithinunter zu reißen, dorthin, wohin er sich fallen ließ. Aber er hatte noch die Höhle um sich oder hinter sich, die

Höhle des Waldes, aus dem er kam. Gerade dieses Wilde, Tierhafte machte ihn noch menschlich.

Der Sohn hingegen, auch breit, aber nur fett, nicht mehr fest, stand auf einer Leiter und heftete ein Bild des Rennfahrers Bartali, aus der Zeitung ausgeschnitten, an die Wand, Zeitungsbilder waren anstatt der Tapeten an die Wand geklebt, die Königin Viktoria von England, Drais, der Erfinder des Fahrrades, Kaiser Friedrich III., der italienische Staatsmann Crispi. Der Sohn hatte nur noch das Heimtückische, Überfallshafte des Bären, nichts mehr vom Wald, nichts mehr von der Höhle, nur noch die abstrakten Bäreneigenschaften, nichts mehr vom Bären selber, er konnte diese Eigenschaften vertauschen gegen andere, – der Vater hingegen blieb immer der Bär.

Der Alte ließ sich schwer wieder in den Schreibtischsessel hinabfallen, schob mit einer weiten Bewegung des Armes ein Blatt Papier, das unmittelbar vor ihm lag, etwas näher zu sich heran und schrieb mir die Quittung. Er unterschrieb langsam, jeder Buchstabe war deutlich da, er erschuf sich selber noch einmal in den langsam gemalten Buchstaben.

Dann kam ein Pächter, Carpugnani schrie, das Kornfeld müsse umgeackert und dafür Gerste gesät werden, die Rüben fürs Vieh müßten ausgerissen werden, er befahl Raps dort zu säen, er befahl überall, – was er befahl, war gleichgültig.

Am andern Tag ging er in einem hellen, englischen Reiseanzug mit weißen Strümpfen und Golfschuhen, einer blauen Sonnenbrille vor den Augen und einem Ledertäschchen in der Hand, den Weg hinunter in das Städtchen. Er entlieh Geld, wo er es bekam, lud diejenigen, bei denen er es entliehen, und alle Bekannten, die er unterwegs traf, zum Essen und zum Trinken ein, und am Nachmittag reiste er nach Mantua an den Viehmarkt und weiter nach Cremona, Piacenza, überall hin, wo die Märkte waren, er verkaufte auch Waren, die ihm nicht gehörten, besänftigte den Betrogenen durch eine Geldsumme, trank und aß dann mit ihm und lud alle ein, die essen und trinken wollten, er verkaufte das teuer Eingekaufte oft auch viel wohlfeiler, nur um überhaupt zu kaufen und um zu verkaufen.

War alles Geld aufgebraucht, dann fuhr er wieder zurück nach Cannobio und legte sich acht Tage ins Bett in einem Zimmer des Albergo del Sole, bevor er wieder heimging in sein Haus am Berg. Hier, im Bett seines Zimmers blieb er nun wieder Monate lang, schlafend und essend, aber wie im Schlaf essend, und allmählich mit festerem Atem, Husten und lauterem Husten zu sich selbst zurückkehrend, wenn der Zinstermin seiner Bauern und Mieter näherkam. Dann fing das Leben auf den Märkten und Wirtshäusern von neuem an, zweimal im Jahr kehrte der Rhythmus zwischen Leben und Schlafen wieder. Die Rückkehr vom Leben in den Schlaf geschah immer ganz leise, als ob er schon schliefe und sich selbst nicht wecken wollte: in der Nacht hörte man, wie ein paar kleine Steine an eine Fensterscheibe geworfen wurden, dann noch leiser wieder ein Steinchen und noch eines, bis schließlich jemand ihm die Türe öffnete.

Er war ein Bär also, die Frau war winzig bucklig, er beachtete sie gar nicht. Sie hatte ein kleines Loch in der Bärenhöhle, eine Maus, die ein kleines Loch in der Bärenhöhle hatte. Sie war die Tochter eines Hoteliers in Pallanza. Carpugnani hatte die schöne Schwester der Kleinen, Buckligen heiraten wollen. Aber die schöne

Schwester wies den Carpugnani ab, da holte er die Kleine, Bucklige aus der Küche, nahm sie auf den Wagen, heim zu sich und heiratete sie ein paar Wochen darauf.

Die Kleine, Bucklige huschte die Treppen der beiden Bauernhäuser hinauf, wenn die Bauern auf dem Felde waren, schnitt eine Wurst ab, die in der Küche hing, oder nahm ein Stück Fleisch aus der Pfanne und huschte noch rasch in den Keller des Bauern, um Wein zu holen.

Sie schenkte den Armen Geld und Sachen und bat sie, daß sie den Hut tief abnähmen vor dem Sohn und daß sie ihn nicht Carlo nennten, sondern signor Carlo, Herr Carlo.

Schließlich starb Carpugnani, – die Frau war schon vor ihm gestorben. Die schöne Schwester der Buckligen brachte ihm, der schon im Sterben war, eine Mandeltorte ans Bett, er ließ vier Bauern kommen, nahm die Torte in die Hand und befahl, ihn hochzuheben, die Männer hielten ihn hinauf; immer höher, befahl er, bis an die große Photographie der verstorbenen Frau, die hoch über seinem Bett hing: »Liebe Teresa«, sagte er, »diese Mandeltorte war dir immer die liebste von allen Torten, nimm sie!« Er hielt die Torte der Photographie hin, dann fiel er zurück, und die vier Männer hatten es schwer, den Sterbenden langsam ins Bett zurücksinken zu lassen.

ORTA AM LAGO D'ORTA

2. Oktober

Mitten in einer gewöhnlichen Landschaft, die viele Stunden in der Gewöhnlichkeit weitergehen könnte, steht plötzlich, wie ausgegraben aus einer Tiefe, die schon lange vergessen ist, ein kleiner, fester Ort vor einem mit fast fünfzig Palästen und einem See, – nein, nicht wie ausgegraben aus der Tiefe, sondern wie hergerichtet, in den See versenkt zu werden, und dann vergaß man, das Städtchen zu versenken. Das ist Orta und der Lago d'Orta, der Ortasee.

Gegenüber dem Städtchen, im See, etwa zweihundert Meter entfernt vom Ufer, ist eine Insel, S. Giulio, genannt nach dem Hl. Julius, der die Kirche auf der Insel im Jahre 359 gegründet hat. Die Insel ist wie das Städtchen Orta selber bis an ihren Rand, ringsherum am Ufer und im Innern, voll gebaut mit Palästen. Es ist, als hätte das Spiegelbild der kleinen Stadt, das vom Ufer in den See hinunterhängt, die Kraft gehabt, aus sich selber eine Insel und Paläste darauf zu gebären, hinauf über das Wasser, und nun schauen sich das Städtchen und die Insel an, wie einer seinen Doppelgänger anschaut: ein wenig erschreckt, aber jeder sicher, daß *er* gelte.

Wir aßen zu Mittag im Ristorante Agnello. Es wurde uns die Pasta Primavera gebracht, das waren Nudeln, von der Wirtin selber gemacht, mit Rahm und Kräutern zubereitet. Wir aßen sie mit dem Staunen, mit dem man auf einer Segelfahrt unvermutet zu einer unbekannten Insel kommt und trotzdem gleich auf ihr heimisch ist.

Wir gingen am See längs der Straße zwischen den Palästen hin und her, wir reden von Politik, von Rußland und Amerika, plötzlich schaue ich vom Ufer auf das Städtchen und dann auf den See, – mir ist, als sähe ich das Städtchen zum ersten Mal: wie von einem Fischer mit einem großen Netz im See gefangen und heraufgebracht, so erscheint mir das Städtchen, ausgeschüttet am Ufer aus dem Netz und wir mit.

PARMA

Ende November

Ich wußte noch, daß die alte Via Aemilia durch die Stadt geht, aber so ungeschichtlich ist der Aspekt der Stadt, zufällig nebeneinander gestellt die meist neueren Häuser, daß es ist, als habe sich die Via Aemilia in die Tiefe versenkt bei der Barriera Vittorio Emanuele, wo sie in die Stadt hineinkommt, und als zeige sie sich erst wieder an der Barriera Massimo D'Azeglio, wo sie die Stadt verläßt. Sie ist ein gleichgültiger Raum zwischen den Häusern, wie eine Linie auf dem Stadtplan. Aber es ist wohltuend, daß das Geschichtliche nicht aufdringlich auf einen zukommt.

Der Dom und das Baptisterium aber, das ist nicht erledigte Geschichte, sie sind lebendig da, man spürt an der heftigen Umgrenztheit des Domes, an der heftigen Vertikalen seiner Wand, die Entscheidung, den Befehl: hier wird Halt gemacht, geblieben, hier wird gebaut, die Häuser der Stadt erscheinen wie Zelte für die Menschen, denen befohlen worden ist, hier zu bauen.

In der Großstadt ist ein Dom wie abgesperrt für sich, hier in dieser kleinen Stadt ist kein großer Gegensatz zwischen dem Dom und der Stadt.

Immer erscheint mir derjenige romanische Dom als der schönste, der gerade vor mir ist. So gegenwärtig ist ein romanischer Dom, daß ich nicht von ihm weg zu einem andern gelangen kann, um zu vergleichen.

Zwei Löwen stehen rechts und links am Eingang des Portals. Das Maul ist wie ein Riß: der Riß des Schreis, die Öffnung des Maules, ist wie der Eingang in die Höhle des Schreis. Die Höhle des Schreies mit Stein überwachsen: das ist des Löwen Leib, versenkt und mit Stein überwachsen ist die Höhle des Schreis.

Das romanische Baptisterium ist wie ein schwerer Anker, der am Grunde des Meeres aufschlug. Verdunstet ist das Meer, verschwunden ist das Schiff, vergessen der Anker, die Figuren an ihm sind wie die eingetrockneten Geschöpfe des Meeres, an seiner Wand eingekrustet.

Ich gehe durch die Bogengänge unter den Häusern, viele Straßen entlang. Man freut sich an ihrer leichten Bewegung, man fragt nicht, wohin die Bogengänge gehen, man fragt hier in dieser kleinen Stadt überhaupt nicht.

In der Großstadt gibt es nur Fragen, die ganze Großstadt ist eine andauernde Frage, die gar keine Antwort will und nur immer fragt, um eine Antwort zu verhindern.

Ich gehe in der Stadt herum, es schneit. Die Häuser, die Plätze, die Autos und die Menschen gelten nichts mehr, nur noch der Schnee. Er kommt herab auf einen zu wie von weit her.

Ich gehe noch einmal am Dom vorbei, der Schnee fällt auf ihn, und indem er auf ihn fällt, scheint der Dom zu wachsen. Die Flocken fallen auf ihn herunter und er steigt mehr nach oben.

Beim Mittagessen saß am Nebentisch ein Mann, der fast immer lachte, es war ein blechernes Lachen, das losging, sobald er nur ein wenig den Mund bewegte, wie ein wohlfeiler Wecker losscheppert, sobald man ihn nur ein wenig berührt, auch wenn es noch nicht an der richtigen Zeit ist. Die beiden andern neben ihm waren auf die gleiche Weise mechanisch ernst.

Eine junge Holländerin saß mir gegenüber. Ihr Gesicht war eihaft, wie ein Vogelei, und die Weite des Vogelfluges war in dem Gesicht. Sie redete leise, es war wie ein leises Pochen: als ob ein Küken im Ei leise, aber deutlich an die Wand der Schale klopfe. –

Am Abend las ich wieder das 32. Kapitel des ersten Buches Mose, Jakobs Begegnung mit dem Engel: »Da rang ein Mann mit ihm (Jakob), bis die Morgenröte anbrach. Und da er sah, daß er ihn nicht übermochte, rührte er das Gelenk seiner Hüfte an, und das Gelenk der Hüfte Jakobs ward über dem Ringen mit ihm verrenkt. Und er sprach: laß mich gehen, denn die Morgenröte bricht an. Aber er antwortete: Ich lasse dich nicht, du segnetest mich denn.«

Das ist ein ursprünglich und dauernd Unverständliches, vom Menschen aus kann es nicht deutlich gemacht werden, es ist eine Hieroglyphe, im wahren Sinne des Worts: ein heiliges Zeichen, das auf ein anderes Zeichen wartet. Es ist ein Unverständliches, das zu Gottes Unbegreiflichkeit gehört, ein in unserer, der Menschenzeit, Unbegreifliches, aber in jedem Augenblick durch Gott deutbar, es weist auf eine Zukunft hin, wo Gott es deuten wird.

Es ist ein Abgrund des Unfaßbaren, die menschlichen Worte gehen scheu um diesen Abgrund herum. Die faßbare Welt würde in den Abgrund dieses Unfaßbaren hineingezogen, wenn sie sich nicht ganz und gar fest und deutlich machen würde. Darum ist die faßbare Welt im Alten Testament so fest und deutlich, wie mit großen, breiten Steinquadern aufgebaut.

4. Dezember

Die ganze Stadt ist eine Versammlung der Paläste. Solch ein Palast könnte viel größer sein, als er wirklich ist, es ist so viel Macht in ihm, daß er noch einmal so groß sein könnte, aber er sagt Halt zu sich selber, gerade an diesem Halt spürt man die Macht. Ein Steinbogen steigt unten vom Palast nach oben mit einem Schwung, als wolle er den Rand des Daches erreichen, aber schon in der Höhe des ersten Stockwerkes legt sich ein breiter waagrechter Balken auf den Bogen und drückt ihn langsam wieder hinab zur Erde. Ich kann dieses Halt! der Wagrechten nicht vergessen und erst recht nicht, wie die Strenge dieses Halts gemildert ist durch ein Reliefgewinde um die Waagrechte herum.

Den Himmel sieht man nicht in dieser Stadt, man denkt nicht an ihn, aber als ich einmal in den Hof eines Palazzo kam, war der Himmel plötzlich über diesem Hof, er wurde oben an den vier Ecken des Palazzo wie an vier Zipfeln festgehalten: der Himmel war wie gefangen an dem Palazzo.

6. Dezember

So souverän sind die Paläste, daß es ist, als duldeten sie die Menschen nur, ja als kümmerten sie sich gar nicht um sie: Palast scheint zu Palast zu gehören, nicht Palast zu Mensch.

Die Menschen, die unter den Bögen der Paläste dicht gehen, wie herausgepreßt aus den Bögen sind sie, geformt von ihnen, sie gehen langsam und ihre Gesten sind langsam wie die Bewegung der Bögen, aus denen sie kommen.

Man sieht Frauengesichter wie auf den Bildern des 14. Jahrhunderts: schmal, in sich gewendet, Menschen, die innen gefüllt sind und die darum das, was von außen kommt, als den Überfluß, verwundert, betrachten.

8. Dezember

Es schneit wieder. Die Paläste stemmen sich gegen den Schnee, der gegen sie herabfallen will. Der Schnee hört plötzlich auf über ihnen, als getraue er sich nicht, weiter herabzufallen auf sie, er zaubert sich selber weg, irgendwo anders hin.

Ich ging in ein Café an der Via Rizzoli. Ein Mann saß da, sein Gesicht war zerritzt wie eine Grammophonplatte, auf der nicht Worte, sondern Wortgeräusche aufgenommen werden, oder wie das Gekritzel, das ein Kind auf die Schiefertafel eindrückt, ein Kind, das nicht schreiben kann. Es war nicht bös, das Gesicht, aber hilflos.

Es gibt Gesichter heute, die sich selber zu ruinieren scheinen, als wollten sie die Ebenbildlichkeit ungültig machen: Selbstmord des Gesichtes.

Der Mann mit dem gekritzelten Gesicht hatte kein solches Selbstmordgesicht. Hier hatte vielleicht ein großes Schicksal nicht Platz gefunden auf dem engen Raum des Gesichtes, die Hand des Schicksals macht manchmal seine Zeichen schwerfällig, unbeholfen, wenn das Schicksal zu schwer ist.

10. Dezember

Die Stadt hat etwas Ausgelaugtes, Ausgesogenes, etwas Ärmliches, fast etwas bewußt Ärmliches. Sie hat keine Mitte, man kann nicht sagen, die Piazza Vittorio Emanuele sei die Mitte, der Platz ist wie bestellt irgendwo und hierher gebracht. Die Straßen streben auseinander, die Reihen der Häuser wollen sich auch verlaufen, sich zerstreuen. Alles will, so scheint es, sich entfernen von dem, was einst Mitte war: von der byzantinischen, ostgotischen und langobardischen Geschichte der Stadt. Die altchristlichen Kirchen, S. Vitale, S. Apollinare Nuovo, das Baptisterium der Orthodoxen, S. Apollinare in Classe fuori, haben etwas Festungsartiges, es ist nicht wie eine Festung, die allein steht, sondern jede ist wie eine Bastion in einer Festungskette.

Das Mausoleum der Kaiserin Galla Placidia: es ist wie unter der Erde gebaut und dann heraufgezogen, aber es hat noch alles Dunkel des Unterirdischen um sich. Ein Kreuz ist an der Steinwand, als hätte der Stein es aus sich selbst herausgegraben. So mächtig ist das Unterirdische hier, daß das Licht auch jetzt sich nicht hertraut, hier ist ein fast unirdisches Licht: der Glanz vom Gold-Hintergrund der Mosaiken.

Es gefällt mir, daß das Außerordentliche der Mosaiken vom ganz und gar Gewöhnlichen dieser Stadt umgeben ist. Das Außerordentliche liebt es, vom Gewöhnlichen umgeben zu sein, dann bleibt es in seinem besonderen Wesen am unversehrtesten. Deshalb hat Gott auch das

Außerordentliche eines Auftrages nicht durch ein bedeutendes Genie, sondern durch einfache Hirten den Menschen sagen lassen.

Die Gestalten und die Gesichter auf den Mosaiken in S. Apollinare Nuovo sind fast alle gleich: das *Da*sein gilt mehr als der Unterschied des einen vom anderen, der Unterschied ist aufgegangen im Dasein. Die Wahrheit ist nicht beim Einzelnen, sondern als Glanz um alle, der vom Goldhintergrund her sie umscheint. Selten ist etwas so einander entgegengesetzt wie diese Gemeinschaft oben an den Seitenwänden von S. Apollinare Nuovo und die isolierten Menschen heute. Würde man eine einzige Gestalt dort oben loslösen, so gingen alle anderen mit, so sehr gehören sie zueinander.

11. Dezember

Den Corso Garibaldi entlanggehend, treffe ich den Professor L. aus Berlin. Alles, was er sagte, über Ravenna, über seine Geschichte, über den Zerfall des Objektes in den letzten hundert Jahren, war richtig. Aber ich glaubte es *ihm* nicht. Ich getraute mich nicht, ihn genau anzuschauen, ich schämte mich irgendwie für sein Gesicht: die Teile des Gesichtes hatten nicht mehr ihre eigentümliche feste Form, sie waren wie zufällig da, vertauschbar untereinander. Ich dachte daran, daß Hegel vom Gesicht des Menschen sagt: »Die Glieder des Gesichtes erscheinen in sich selbständig und dadurch gegeneinander frei.« In diesem Gesicht war keine Freiheit, auch nicht das Gegenteil davon, Fesselung, alles war hier provisorisch, zufällig. Und so war auch die Wahrheit bei ihm provisorisch, zufällig. Die Wahrheit war hier nicht mehr die Wahrheit, die Wahrheit überhaupt schien einzuschrumpfen, indem sie von L. gesagt wurde, sie war da wie eine Pflanze im Herbarium, gepreßt, dürftig, eingeschrumpft, sie war überhaupt nur noch das Eingeschrumpfte, das Dürftige, das Gepreßte.

Die Wahrheit hatte in diesem Menschen nicht die Welt zur Verfügung, in der sie *sein*, das heißt, in der sie sich verwirklichen konnte. Darum dürfte ein solcher Mensch sich nicht getrauen, die Wahrheit zu sagen, er müßte der Wahrheit soviel Ehre antun, daß er sich nicht für wert hielte, sie auszusprechen, er dürfte sich nicht den Anschein geben, daß sie von ihm käme. Gerade dadurch, daß ein solcher sich nicht getrauen würde, die wahren Worte zu sagen, gerade dadurch würde der Wert der Wahrheit von neuem deutlich: sie, die bloß verirrt zu ihm kam, würde dann als Wert, nicht als Zufall anerkannt. Die Wahrheit selber würde im Schweigen, geschützt durch das Schweigen, ihrer sicher und zeugend. Im Schweigen würde die Wahrheit so angestaut werden, daß sie überfließen und von selbst eine Welt um sich formen würde. Das wäre Heilung.

In der Stadt ist Markt, auf der Piazza Vittorio Emanuele stehen die Bauern dicht beieinander in Gruppen, wie die Beeren einer Traube, wie Erde hängen sie zusammen.

Ich gehe durch den Corso Garibaldi zum Palast Theoderichs. Heute bei einem Haus ist die Fassade wie irgendwo anders fabriziert, dann von dort rasch hergebracht und rasch aufgerichtet, – hier bei diesem Palast aber: schwer hatte es die Mauer, nach oben zu kommen, es ist, als hätte sie den Weg nach oben suchen müssen: in Absätzen, anhaltend unterwegs, und wieder sich weiterbewegend, steigt sie nach oben, vorsichtig und scheu.

Es ist, als ob man, wenn man die Mauer öffnete, innen in ihr noch die Gänge, die Wege fände, auf denen sie nach oben ging.

Seltsam ist, daß kein Gegensatz da ist zwischen der Zeit dieses Palastes, den altchristlichen Kirchen des 5. und 6. Jahrhunderts mit ihren Mosaiken und der Zeit von heute. Jede Zeit ist für sich, als ob die andere nicht wäre.

Manchmal schien es mir, als stünde Ravenna, der Teil von Ravenna ohne die frühchristlichen Kirchen, in der leeren Zeit darin, in der Zeit, in der vieles geschieht, aber in der es keine Geschichte mehr gibt.

Seit 1914 scheint es keine Geschichtlichkeit mehr zu geben. Die Ereignisse werden in ein Amorphes, andauernd Bewegtes hineingeworfen, dieses Amorphe, Bewegte ist das Primäre, es fordert Ereignisse, es provoziert sie und saugt sie zu sich heran. Immer mehr passiert, es wird dadurch Geschichte vorgetäuscht, die eigentliche Geschichte wird dadurch genarrt. Seit 1914 werden die Ereignisse wie auf einem Lastwagen herangeführt, ausgeladen, hingeworfen zu anderen und schon fährt ein neuer Lastwagen heran. Es ist, als ob ein großer Vorrat von Ereignissen noch rasch aufgebraucht werden müsse, als ob die Zeit nicht mehr da wäre, in der sie wirklich *sein* könnten. Das ist nicht mehr eine Begegnung zwischen Mensch und Geschichte, sondern eine Erledigung, Abfertigung geschichtlichen Rohmaterials durch den Menschen.

Vielleicht läuft die Geschichte darum heute so rasch ab, weil der Mensch keine Gegenwärtigkeit mehr hat: er nimmt das Ereignis gar nicht als etwas, das vor ihm ist, sondern als etwas, das schon erledigt ist, bevor es erscheint, er steht ihm gar nicht gegenüber. Jedes Ereignis, das auf ihn zukommt, ist schon weggestoßen, von ihm oder von einem anderen Ereignis, ehe es bei ihm ankommt.

Erst die Hingabe des Menschen hält ein Ereignis fest, erst durch die Hingabe ist ein Ereignis da. Durch die Liebe wird Gegenwärtigkeit erzeugt, es wird Zeit erzeugt, in der von der Liebe erzeugten Zeit dauert ein Ereignis, es läuft nicht davon, es bleibt. Fehlt dem Ereignis die Hingabe des Menschen, so rutscht es rasch weiter, es wird nicht aufgehalten, eines folgt auf das andere, keine Gegenwart und keine Zeit werden erzeugt, sondern sie werden aufgebraucht, und so ist es heute: nicht nur der Raum, auch die Zeit ist zusammengeschrumpft.

Die intensive Gegenwart hat die Kraft, auch die Vergangenheit zu sich heranzuziehen, sie lockt die Vergangenheit zu sich heran. Auch die Zukunft wird mitgeformt von einer solchen Gegenwart, sie wird weniger abrupt.

12. Dezember

Ich gehe von Ravenna fast zwei Stunden auf dem Dünenboden ans Meer. Man sieht noch nichts vom Meer, hier ist nur das weite Land und über ihm der Himmel. Der Himmel fällt herunter auf die Erde fern am Horizont. Aber dort, wo er fällt, erwartet ihn schon die Erde, es ist, als stelle sie sich darunter und fange ihn auf. Immer streckt der Himmel den Bogen seines Gewölbes weiter, um die Erde zu überholen, aber die Erde ist schon voraus, wieder wartend, daß der Himmel gegen sie falle. Man mißt hier die Zeit nicht, in der das geschieht, man *sieht* sie. Zeit und Raum sind hier eines.

Jetzt bin ich am Meer. Aber der Himmel erscheint hier mächtiger als die Erde und das Meer. Hinten am Horizont ist das Meer wie weggetrieben vom Himmel, es flieht von dort. Auf dem Meer sind Schiffe mit farbigen Segeln. Ein Segelschiff sieht aus wie ein Vogel mit einem gebrochenen Flügel.

Ganz in der Ferne war ein Schiff allein, es wurde immer kleiner, gerade vor ihm warf sich der Himmel am Horizont herunter, und langsam fuhr das kleine Schiff weg von dem stürzenden Himmel, zurück.

18. Dezember

Die Stadt ist körperhaft, voluminös. Man spürt schon von außen, wenn man an den Häusern vorbeigeht, wie sie innen in die Höfe weiterdringen und von der Fläche, auf der sie stehen, tiefer in den Boden, man spürt von der Straße her schon die Keller der Häuser. Sonst merkt man das nur in den kleinen Städten.

An der Piazza delle Erbe, an dem Gemüsemarkt, liegt der Palazzo della Ragione, das alte Gerichtsgebäude, wie ein großes, trächtiges Tier breit da. Es ist, als hätte es selber die Häuser von sich weg an den Rand gedrückt.

Überall in der Stadt sind mächtige Paläste, aber bei allen denkt man an das große mächtige Tier in der Mitte der Stadt, alle sind wie aus ihm herausgekrochen.

Nachmittags

In der Arenakapelle bei den Fresken von Giotto: die Fresken sind wie Fahnen, festgemacht an der Wand, aber im nächsten Augenblick fangen sie an zu wehen. Die Gestalten auf den Fresken sind ganz nach vorne, ganz in den Vordergrund gestellt. Alles Hintergründige, alles »Tiefere«, ist in der Helligkeit des Vordergründigen aufgesogen. Die Tiefenpsychologie und die Psychoanalyse hätten hier nichts aufzudecken, es ist alles offen da, nichts ist dahinter.

Ich ging an der Universität vorbei und an den Häusern der älteren Stadt, das Gehen vollzog sich wie von selbst, ich wurde vom Fluß der Straßen getragen. Ich ging bis zur Kirche Il Santo, das Reiterstandbild des Gattamelata steht davor: der Reiter ist wie unmittelbar aus der Welt der Ideen gekommen, er ist *der* Reiter und das Pferd ist *das* Pferd.

Auf dem Rückweg gehe ich wieder zum Palazzo della Ragione. Ich blieb stehen auf dem Obstmarkt davor. Zwei Männer fielen mir auf: die Hände auf dem Rücken, gingen sie nicht schauend, sondern inspizierend an den Obstständen vorbei, es waren Ausländer, sehr ichbewußt waren sie, aber es war ein abstraktes Ich, ein Ich, das sich andauernd markieren mußte. Der Italiener, der großbürgerliche, ist auch ichbwußt, aber er hat ein konkretes Ich, eines, das sich auf Fabriken oder große Wein- und Obstgüter bezieht, ein Ich, das herausquillt, weil es überfließt von dicker, erdiger Substanz.

19. Dezember

Abends, bei dem Mathematiklehrer C.: Ich sagte zu ihm, es gefalle mir, wie man schon an der Fassade spüre, daß die Häuser durch Keller und über Höhe in die Tiefe und in die Breite drängen.

Der Lehrer fing an zu erzählen: »Das Haus meiner Eltern hier in Padua war ganz nach innen gewendet. Von außen, von vorne, war es ein Bürgerhaus des 17. Jahrhunderts, die Front war nicht breit, aber breit waren die Seitenteile. Eine Wendeltreppe aus einem rötlichen Stein ging vom Vorderhaus nach oben, so leicht stieg die Treppe nach oben, daß der Mensch, der auf ihr ging, von ihr gehoben wurde, die Treppe stieg hinauf und der Mensch wurde mitgehoben. Im ersten Stockwerk führte von der Treppe links eine Tür in einen großen Raum, in dem nichts war als ein dreitüriger Eichenkasten, dahinter war wieder ein Zimmer, in dem nichts war als das Licht, das langsam durch ein kleines Fenster herabfiel, es folgten noch fünf oder sechs große, leere Räume. So war es auch im zweiten und im dritten Stock: rechts von der Wendeltreppe waren die Zimmer, wo wir wohnten, links die großen leeren Räume. In all diesen großen Kammern war nichts als Raum, das ganze Haus hier hinten schien ein Magazin von Räumen, Raum war hier aufgestapelt. Ich frug nie, wozu der Raum sei, – so sehr war er einfach da.

Einmal, ich war schon 14 Jahre alt, schlüpfte ich dort durch das Loch einer Wand und war jetzt in einem Raum, den ich noch nie gesehen hatte. Es war unmittelbar unter dem Dach. Unter dem Dachfenster, auf einem Balken, lag eine Taube, der Hals war ihr durchrissen und es floß noch Blut langsam aus dem Halsriß. Das Blut floß und mein Herz blieb einen Augenblick stehen. Ich bin seitdem nie mehr in dieses Seitenhaus gegangen. Immer erschrak ich, wenn ich in der Erinnerung die Taube sah, und immer blieb das Herz ein wenig stehen. Später, als ich Student war, wußte ich, daß eine Katze die Taube zerrissen hatte. Aber heute kommt es mir vor, als hätten die großen leeren Räume, die von keinem Menschen, nur von sich selber bewohnt waren, sich noch weiter und heftiger ausgedehnt, die Taube von sich weggeschoben und sie am Ende des Raumes, unter dem Dach, an einem Balken erdrückt.«

22. Dezember

Im Wartesaal des Bahnhofes: Ich erinnerte mich, wie mir hier in Padua vor vielen Jahren, auch im Wartesaal, aufgefallen war, daß das Reisen das Gesicht des Menschen verwandelt. Im Wartesaal waren keine Paduaner mehr, kaum noch Italiener, die Menschen hatten ein neues Gesicht, das für alle gleich war und für alle paßte, ein flaches Gesicht, das Reise-Gesicht, das Eisenbahngesicht, es war damals noch nicht für immer bei ihnen, sie warfen es sich nur über für die Reise und für die Eile. Damals aber schien mir schon, daß es einmal vielleicht nicht nur übergeworfen, sondern bleiben werde: aus dem Eisenbahngesicht ist heute das Autogesicht geworden, aus dem eilenden Gesicht das Fluchtgesicht, und das bleibt.

14. Januar

Die Stadt wirkt zu schön, zu geformt. Aber es ist unser Defekt, daß sie so wirkt. Noch vor 200 Jahren war Venedig nur ein Teil einer ganzen geformten Welt, geformte Stadt unter vielen andern geformten Städten. Heute ist das Bildhafte der Städte aufgelöst, sie sind ungeformt, sie laufen auseinander, sie laufen sich selber davon. Venedig aber ist ein Bild geblieben, darum ist es auffällig.

Ein Bild ist etwas Zusammengefaßtes, Zentriertes, es verlangt vom Menschen, daß auch er sich zusammenfasse für es und sich ihm *ganz* zuwende. Am meisten zusammengefaßt, ganz, zeigt sich der Mensch in der Liebe. Das Bild verlangt Liebe vom Menschen. Vor einem Bild wird man aufgerufen, Liebe zu haben. Aber man will nicht daran erinnert werden, daß man keine Liebe hat, darum zerstört man heute die Bilder, das Bildhafte der Welt; die Welt wird immer bildloser, weil sie immer liebeloser wird.

Traumhaft, sagt man, sei Venedig. Ja, aber es ist der Traum nicht von Menschen, sondern von Abgeschiedenen, die Sehnsucht haben nach der Erde und träumen, wie es auf der Erde gewesen ist. Ich spüre den langen Weg, den der Traum brauchte, bis er hier war: die langen Kanäle, die gewundenen Kanäle, sie sind wie der Niederschlag dieses Weges hin zu den Menschen.

Auf dem Markusplatz: der Platz ist wie von den Menschen hingelegt als ein Fundament, daß in der Nacht, während die Menschen schlafen, Götter etwas über dem Platz errichten, etwas, das über das Menschliche hinausgehe.

Die Basilica S. Marco: mir ist immer, die byzantinischen Kuppeln seien nur in diesem Augenblick unbewegt, aber im nächsten würden sie sich senken und heben und langsam so immer sich senken und heben, es ist wie eine Orgel aus Stein, aber bei ihrer Bewegung entstehen keine Töne, sondern Farben, farbig ist es überall an diesem Dom.

Nachts

Ich ging vom Markusplatz gegen das Meer. Von der Kirche S. Giorgio dem Ufer gegenüber sah man nur die Fassade, flächig und dünn wie dünngeschnittener Alabaster, ihr Körper war entleert von der Nacht, die dünne Fassade schwankte im Mondlicht. Ein Glanz lag auf ihr, der Glanz lag auch vor ihr wie ein neuer Raum, es war, als würde sie im nächsten Augenblick in ihm verschwinden.

15. Januar

Ich bin in der Hauptgasse, in der Merceria, sie ist angefüllt mit Menschen bis an die Wände der Häuser, ich gehe, aber ich merke es nicht, Bewegen und Stehenbleiben ist eines hier, ich gehe nicht, es geht mich. Die Körper der Gehenden sind alle miteinander hinabgesunken in etwas Allgemeines, Dunkles, nur Gesichter treiben oben auf, sie sind ein wenig erschreckt, sie merken, daß sie nicht mehr sich selber, sondern einem anderen gehören, das sie trägt. Es ist, als könnten im nächsten Augenblick die Menschen verwandelt werden, in irgend etwas. Zwerge und Krüppel sind im Strom darin, als habe die Verwandlung schon begonnen, – aber der Mensch bleibt doch, er widerstrebt der Verwandlung, es bleibt der Mensch im gefährdenden, verwandelnden Strom.

In der Accademia di belle Arti, in der Bildergalerie: wieder ist mir, als sei ich in einem Mausoleum, etwas Totes ist durch die Säle gegangen, die Träume der Toten sind an den Wänden hängen geblieben, als die Bilder hängen sie dort.

Giorgione, der Sturm: das Bild ist gegen den Betrachtenden hin nicht abgeschlossen, es ist offen zu ihm, er kann hineintreten und mitschweben mit den Dingen, die im Bilde sind. So schwebend ist alles, als könne sich die Frau vorne in eines der weißen Häuser daneben verwandeln, der Mann in einen Baum, das Kind in eine der Wellen, und ein Überschuß an verwandelnder Kraft ist noch im Bilde: der Betrachter wird mit verwandelt.

Tintoretto, der Prokurator Andrea Capello, der Doge Alvise Mocenigo: so fest und sicher sind sie da, daß das Leichte und Schwankende der andern Menschen bei ihnen einen Halt hat, sie sind für die anderen, nicht nur für sich selber fest und sicher. Das macht ihr Herrenwesen aus.

Francesco Guardi und Pietro Longhi: Bilder des französischen Impressionismus kommen mir in den Sinn. Aber im Impressionismus ist ein Objekt vor-aufgelöst, ehe es gemalt wird, die Auflösung ist als ein primäres Faktum da, *vor* dem Objekt, und sie ist stärker als das Objekt, das Objekt dient nur dazu, die Auflösung zu demonstrieren. Ganz anders bei Longhi und bei Guardi: das Objekt ist das Primäre, es wird nicht aufgelöst, sondern nur leicht schwebend gemacht. Soll es, schwebend, sich dem Schöpfer zurückgeben?

Carpaccio, die Legende der Hl. Ursula: auf den meisten Bildern anderer Maler wird dies, daß Menschen beieinander sind und daß Menschen und Dinge einander begegnen, nicht als ein Ereignis dargestellt, es wird einfach hingenommen. Hier bei Carpaccio ist die Begegnung des einen mit dem anderen ein Ereignis, der Raum weicht auseinander vor diesem Ereignis, er nimmt zu und wird hell.

Jedes Ding ist genau dargestellt, der Mensch, der Baum und die Tiere, es ist, als sei der Maler um den Rand jedes Dinges langsam herumgegangen und habe den Rand geprüft und deutlich gemacht. Es ist wie eine Antwort an den Schöpfer, daß die Dinge, die er schuf, vom Menschen empfangen und genau betrachtet worden sind.

Im Saal der primitiven Bilder mit dem Goldhintergrund: die Heiligen sind überall, aber dort wo der Goldgrund ist, erscheinen sie. Es ist, als bewegten sich die Heiligen von Goldgrund zu Goldgrund, als sprängen sie durch den grauen Raum von einem Goldgrund zum andern. In diesem Saal tropft Staub vom Gold auf einen herab.

In den Bildern der alten Meister und noch in den Bildern bis ans Ende des 19. Jahrhunderts ist eine *Wirklichkeit* da. Sie ist fest da, und sie ist bei allem, was der Mensch tut und sagt, vorausgesetzt. Eine Wirklichkeit ist so bereit, daß sie gemalt werde. Heute fehlt diese Wirklichkeit, die

Objekte sind aufgelöst, sie sind nicht vor einem da. Der Maler muß ein Objekt erst schaffen, aus dem Wirbel der Auflösung herauslösen, ehe er ein Bild davon machen kann. Er braucht seine Kraft schon auf, das Objekt zu schaffen. Für das Bild, für die Erhebung des Objektes ins Bild, reicht die Kraft nicht mehr aus. Die Malerei vom Ende des 19. Jahrhunderts an stellt nur einen Rest von Dingen dar, und sie stellt ihn dar, wie um ihn im Bild für die Erinnerung zu bewahren.

22. Januar

Beim Mittagessen in der Trattoria Antica Carbonera: ein Mann saß am Tisch nebenan, – wieder ein Gesicht, das zerritzt war wie eine Grammophonplatte, ein Gekritzel von Erlebnissen war auf seinem Gesicht.

Ein Engländer kam herein, er lächelte uns an. Es war aber nebensächlich, daß wir es waren, die er anlächelte: er war bei sich selbst, als er lächelte, sein Gesicht war bei sich selber angekommen im Lächeln. Jetzt, in diesem Augenblick, ging es unter im Lächeln, es war mehr Lächeln da als Gesicht.

Bei den meisten Gesichtern heute sind alle Erlebnisse im Gesicht eingetragen, und sie werden dort ausgetragen, darum sind die Gesichter verwüstet, wie das Grammophonplatten-Gesicht. Ein solches Gesicht ist unmittelbar Schauplatz der Erlebnisse, in ihm spielt sich alles ab, es ist nichts Höheres da, wohin die Erlebnisse weitergeleitet werden können. Dieser Engländer aber hatte das Lächeln über seinem Gesicht, im Lächeln wurden die Erlebnisse aufgesogen, ausgeglichen, das Gesicht selber, seine Formen waren wie unberührt von den Erlebnissen.

Eine Dirne saß neben ihm. Ihr Gesicht war wie in

viele Schlitze aufgerissen, hinter den Schlitzen war nichts mehr, alles war herausgeschleudert aus ihnen, die Falten waren Rinnen, in denen nicht einmal mehr etwas wegfloß. Aber das Lächeln des Engländers reichte auch über dieses Gesicht: es war wie das Licht des Mondes über Gräbern, aus denen die Toten geworfen waren, und das Mondlicht fiel herab in die Löcher und füllte sie aus.

Nacht: es ist, als ob das Meer versinke, der Himmel rückt näher herab, als warte er darauf, dort zu sein, wo das Meer jetzt noch ist. In der Ferne, am Lido, zittert eine Reihe junger Lichter, sie sind wie bereit, nach oben sich zu heben. Heben sie sich dorthin, wo der Himmel nicht mehr ist?

23. Januar

Am Morgen war der Himmel wieder hoch oben, das Meer war aus der Tiefe zurückgekehrt. Der Himmel galt jetzt allein, die Erde war daran aufgehängt, wie ein kleiner Ballonkorb unten an der großen Kugel des Ballons.

Die Menschen gingen dem Uferstreifen entlang wie ein Seiltänzer auf dem Seil. Aber jetzt kam die Sonne und ihre breiten Strahlen streckten sich unter den Füßen der Menschen aus, wie das schützende Fangtuch unter dem Seiltänzer.

Ein Mensch ging an mir vorbei mit einem Mördergesicht. Vor dem Mord, den der Mensch tun würde, war das Gesicht im voraus erstarrt, vor dem Gorgo-Gesicht des Mordes war es erstarrt, der Mensch konnte nicht mehr morden.

In der Vorhalle von San Marco: oben in den Mosaiken sind die heiligen Geschichten, eine heilige Geschichte hört auf und die andere fängt an, eine Geschichte erzählt sich der andern, die heiligen Geschichten erzählen sich selber einander, der Mensch hört zu; das ist die vollkommene Art der Erzählung.

25. Januar

Es fragen manche, was Venedig, Florenz, Perugia usw. noch bedeuten in einer Welt, die jeden Augenblick von der Atombombe vernichtet werden kann. Aber: das Potential der Vernichtung ist heute so groß, daß diese Städte, und noch mehr dazu, virtuell schon vernichtet sind, sie sind nur noch wie übrig geblieben von der Vernichtung, – und doch sind sie da, ja *sie* sind da, und die Vernichtung hat bloß den Aspekt des Vorüberstreifenden, des in einer furchtbaren Weise Vorüberstreifenden, das sich vergebens anstrengt, durch die Furchtbarkeit daseinshaft zu werden. Venedig, Florenz, Perugia hingegen werden immer deutlicher, immer bildhafter, immer mehr Bild werden diese Städte, es ist, als wollten sie sich durch die Deutlichkeit einprägen in die Luft, sich festhalten an sich selber, am eigenen Bild.

Weil Gott die Welt nach seinem Wesen als Bild erschaffen hat, ist in jedem Bild eine Spur des göttlichen Wesens. Durch diese Spur ist alles Bildhafte ausgezeichnet vor dem Unbildhaften, und die Spur göttlichen Wesens bewirkt, daß das Bildhafte gegen den Untergang rebelliert: es wehrt sich durch die Deutlichkeit gegen den Untergang, es macht sich heute überdeutlich, damit es gesehen wird, die göttliche Spur im Bild mahnt den Menschen.

VICENZA

26. Januar

Vor vielen Jahren erschien mir das Vicenza des Palladio griechisch, griechischer als die Bauten der Griechen.

Ich fragte einmal die Schwester des Dichters Derleth: »Ihr Bruder Ludwig, kann er auch griechisch?« – »Wie?«, antwortete sie, »er träumt sogar griechisch!« – So erschien mir zu jener Zeit das Vicenza des Palladio: Traum von Griechenland, aber ein zeugender Traum, durch den ich nicht nur die griechischen Bauten sah, sondern noch vieles, was zum griechischen Dasein gehörte.

Jetzt sehe ich das Griechische von Palladio auch noch, aber ich vermag nicht mehr bis nach Griechenland mit ihm zu dringen. Haben die Trümmer der griechischen Welt sich mit unseren Trümmern vereinigt, gehören beide nicht mehr zu einer Welt, nur noch zum namenlosen Beieinandersein der Trümmer?

Triumphierend steht an einem Palast von Palladio die Vertikale der Säule da. Aber die Horizontale tritt auch in Erscheinung und nicht bloß als etwas, das ganz von der Vertikalen unterworfen worden ist. Das gibt dem Triumph der Vertikalen eine Noblesse und mildert das Triumphale. Das Maß des Menschen ist darin, in dieser Noblesse, und der Mensch, der das Maß verloren hat, erschrickt, wenn er es, das Maß, versteinert, vor sich sieht.

Am Abend im Wirtshaus erzählten die Leute dieses: nicht weit von Vicenza war ein Kloster der Dominikanerinnen, aus dem eine Nonne fortgegangen war zu einem Mann, den sie heiratete. So etwas ist zu allen Zeiten geschehen, auch dies: daß die Nonne, als der Bischof ins Kloster kam, um sie zu mahnen, nicht zu finden war – sie traf zu der gleichen Zeit den Mann im Walde des Klosters –, auch dies meint man, in manchen Geschichten schon gelesen zu haben, und selbst das andere ist nicht zum ersten Mal geschehen: als die Oberin des Klosters bei der Nonne das Kleid und den Ring der Dominikanerin zurückholen wollte, gab die Nonne wohl das Kleid zurück, den Ring aber wollte sie behalten, und, ihn am Finger hin und her drehend, sagte sie: »Ich kann mir ja aus dem Ring das Zeichen der Dominikanerinnen wegschleifen lassen,« – selbst dies kann noch vorkommen in einer Welt der Ordnung und des Maßes, als Abfall von dieser Welt, aber durch den Abfall doch noch mit ihr zusammenhängend.

Aber hier hatte das gleiche Tun einen ganz anderen Akzent. Wir erfuhren genau, wie alles vor sich gegangen war, und wir merkten, daß das Geschehene nicht mehr Abfall von der Welt der Ordnung und des Maßes war. Die Maßlosigkeit und die Unordnung sind autonom geworden, sie sind wie unabhängig vom Menschen, sie nehmen den Menschen in ihren Dienst, sie benützen ihn nur, um sich darzustellen. Unordnung und Maßlosigkeit sind nur zufällig beim Menschen, und das ist das Ungeheuerliche: die Nonne hätte auch anders, zum Beispiel, verzweifelt sein können, nichts wäre geändert gewesen, auch dann hätte der Zufall, nur der Zufall, ihr Verhalten bestimmt. Fast immer ist heute nur durch Zufall etwas beim Menschen, hier bei der Nonne die Maßlosigkeit und die Unordnung, es könnten auch das Maß und die Ordnung sein, der Mensch hat keine wirkliche Beziehung mehr zu dem, was er tut oder sagt: die vielen Jahre, die sie im Kloster gelebt hatte, galten ihr nicht nur nichts, sie waren wie gar nicht gewesen, die Oberin schien ihr nur etwas, das eben vorher aufgetaucht war und gleich wieder verschwand, der Bischof war für sie nicht mehr als irgendein Besuch, der zufällig vorbeikam, alles, was vor ihr sich befand und vor ihr geschah, war nur wie zufällig da, es hätte auch etwas anderes dafür da sein können, nichts mehr war wirklich da, weder die Sünde noch die gute Handlung.

Alles also, was die Nonne tat und sagte, war nur durch Zufall geschehen, – und das *gleiche* hätte gesagt und getan werden können mit dem Ernst der Sünde in einer Welt, in der die Sünde nur durch einen wirklichen Akt des Abfalls zustande kommt. Die Form, der Ausdruck des menschlichen Tuns und Redens ist gleich, ob der menschliche Ernst oder der unmenschliche Zufall dahinter steht. Noch ist es nicht so weit, daß für das unmenschliche Tun und Reden auch nur eine neue unmenschliche Form geschaffen ist. Noch kann das unmenschliche Tun mit dem menschlichen die gleiche Form haben. Das ist ein Zeichen, daß der Ausdruck, die Form, stehen bleibt und wartet, daß in die Form wieder der wirkliche menschliche Inhalt zurückkehre. Und das ist tröstlich.

VERONA

27. Januar

Das römische Amphitheater, die Arena: wie ein auf die Erde gefallener Meteor liegt der Bau da, es ist als sei in seiner Rundung die Rundung des Himmels enthalten, dessen Raum er durchflog.

Schön ist, wie auf der Piazza delle Erbe, dem Gemüsemarkt, das Gotische, das Barock und das noch Spätere in einer Einheit beieinander sind, um diesen Platz festzuhalten. Es ist Markt, der Platz ist voller Menschen, es war ein Gesumm von Menschenstimmen über dem Platz, wie das Gesumm eines Bienenschwarmes. Ich schaue auf den Palazzo Maffei am Ende des Platzes: die geschwungenen Linien an der Barockfassade erschienen mir wie das Hin und Her des Bienenschwarmes, ein Abbild von ihm.

Ich gehe der Etsch entlang an einer zerschossenen Brücke vorbei, am andern Ufer steigt fast gewaltsam ein Berg in die Höhe, er ist wie plötzlich emporgeworfene Erde, als hätte die gleiche Bombe, die die Brücke zerbrach, die Erde in die Höhe geworfen. Der Fluß, die Etsch, rührt sich fast nicht, er getraut sich noch nicht recht, sich zu bewegen.

Die Kirche S. Zeno: Die beiden Löwen außen, die die Säulen des Portals tragen, sind wie Steine, über die lange der Fluß sich bewegte: abgeschliffen von der Zeit. Der Marmor des Löwenleibs wird langsam schmaler durch die Zeit, die Löwen zeigen der Zeit die Uhr an, sie sind die Steinuhr der Zeit.

Die Bronzereliefs an den Türflügeln, – die heiligen Geschichten sind wie mit einem Stempel geprägt, als gehe einer mit dem Stempel der heiligen Geschichten vorbei und präge sie im Vorbeigehen in alle Portale der Dome ein.

Im Innern: ein Mensch ging in der Mitte des Domes hin und her, seine Schritte widerhallten oben an der Decke, aber es war, als ob dieser Widerhall oben die wirklichen Schritte wären und der Mann unten schien nur wie der Schatten, der von der wirklichen Gestalt herabfiel auf den Boden.

Auf den Chorschranken sind die romanischen Marmorstatuen der zwölf Apostel. Die zwölf Apostel sind von vorne, en face, alle verschieden, als Verschiedene sind sie hingestellt auf die Erde, aber im Profil, in dem der Weg des Menschen eingezeichnet ist, der Weg, den er geht von dort, wo er hingestellt wurde, in die Welt hinein, im Profil sind sie alle gleich: die Apostel gehen alle den gleichen Weg.

Ich fuhr im Tram zurück gegen die Stadt, eine Frau saß darin mit einem Gesicht, das wie noch nicht fertig war. Die Linien schienen nicht abgeschlossen, es war ein Gesicht, das auf etwas wartete, sich auf etwas hinbewegte, ein offenes, in die Zukunft weisendes Gesicht, man wußte, daß es nicht nur Gegenwart, sondern auch Zukunft gebe, wenn man dieses Gesicht sah. Es stellte sich nicht als fertig hin, es zeigte sein Unfertiges, es war demütig. Von Zeit zu Zeit kam mit einem kleinen Lächeln die Güte in das Gesicht. Dann hörte es auf einmal auf, unfertig zu sein, es hatte schon in der Gegenwart seine Zukunft erreicht.

Wieder am römischen Amphitheater, an der Arena: ich gehe zweimal um die Arena herum und merke es nicht, die Rundung ist so intensiv, sie wälzt sich so mächtig rings herum, daß man mitgesogen wird, man spürt nicht, wie man geht.

Nachmittags

Auf der Piazza delle Erbe: ein Mann kommt von der Piazza dei Signori her auf mich zu. Zum ersten Mal sehe ich, daß ein Mensch, wenn er allein geht, wie an einem Faden vom Himmel heruntergelassen erscheint, so sehr ist die Vertikale in seiner Gestalt deutlich. Seine Herkunft wird so deutlich, die Herkunft von oben.

Im Vorwärtsgehen trägt der Mensch die Vertikale, an der er von oben herunterkam, weiter, er trägt den Himmel weiter. Das ist der Sinn des aufrechten Ganges des Menschen: auf der Erde vorwärtsgehend, den Himmel weiterzutragen.

»Stehen können wir für eine Weile auch auf *einem* Fuß. Gott hat uns aber zwei gegeben, damit wir auch gehen können, gehen zum Nächsten, ihm zu helfen.« (Gregor der Große)

Stehen viele Menschen beieinander, so ist es, als sei die Vertikale auseinandergefallen, zerdrückt, die Breite, die Horizontale überwiegt, eine Masse von Menschen ist durch die Horizontale bestimmt.

Der Mensch kann in der Masse seine Herkunft aus der Vertikalen, die Herkunft vom Himmel vergessen. Aber durch den Geist ist der Mensch imstande, auch in der

Masse sich der Vertikalen zu erinnern, in der er errichtet ist. Er hat die Freiheit, sich aus der Horizontalen, aus der Masse herauszunehmen und sich durch den Geist in die Vertikale, die dem Himmel gehört, aufzurichten.

Einst waren die Menschen durch die Vertikale miteinander im Zusammenhang. Die Gestalten auf den Mosaiken von Ravenna zum Beispiel: parallel kommen die Vertikalen der menschlichen Gestalt, eine neben der anderen, von oben herab, die Gestalten leben miteinander in dieser vom Himmel sich herabsenkenden Vertikalen.

2. Februar

Die Säulen innen im Dom sind wie die dicken Platanenstämme in der Allee von Caslano, wenn die Zweige weggeschnitten sind. Ihre Herkunft ist noch bei ihnen, die Erde, aus der die Säulen geschlagen wurden, die Breite der Erde ist dem ganzen Dom mitgebracht.

Die Menschen im Dom erscheinen sehr klein. Ein paar stehen in der Mitte, wie umwachsen vom Dom, wie manchmal kleine Insekten vom Bernstein umwachsen sind, durch Zufall hineingeraten in seine Mitte.

Viele Menschen sind auf der Piazza dei Cavalli. Es ist Sonntag. Diese Menschengesichter haben nicht das Angestrengte wie sonst die Menschengesichter heute, die sich anstrengen müssen, um überhaupt als Gesicht da zu sein; ein solches Gesicht muß sich zusammenhalten, daß es ein Gesicht bleibt und nicht auseinanderfällt, – hier aber sind die Gesichter ganz sicher da, sie sind darum frei in ihren Mienen und nicht auf sich selbst versessen, eine schöne Bereitschaft für andere und für anderes ist in ihnen.

Ein Esel mit einem kleinen Karren lehnte sich an eine Hauswand an. Der Esel rieb sich den Kopf an der Wand, immer langsamer rieb er, plötzlich schrie er laut. Es war, als ob die Luft um ihn anfange zu gerinnen, und er schien wie begraben in der geronnenen Luft.

An der Brücke über dem Po, außerhalb der Stadt: die Ebene der Erde war sehr ausgedehnt und der Himmel über ihr sehr hoch. Die Ebene war nicht wie die russische, wo der Himmel dort, wo er am Horizont die Erde berührt, seine Weite in die Fläche der Erde einfließen läßt und die Ebene dehnt. Hier in dieser Ebene schien die Weite vom Flusse, vom Po, auszugehen und über seine Ufer ausgeflossen zu sein nach beiden Seiten.

Die Stadt mit ihren Erhebungen aus Stein, mit den Mauern und Kirchen, die man von der Brücke aus in der Ferne sah, war von der Ebene wie auf die Seite geschoben, die Mauern und Kirchen stiegen heftig hoch, wie aus Trotz.

Der Fluß, der Po, floß träge durch die Ebene, er war wie abgenützt.

Ein großer Vogel, ein Sperber, flog zwischen dem Himmel und der Ebene, – es war, als ob er mit seinem Flug den Grenzstrich zwischen dem Himmel und der Erde ziehe. Himmel und Ebene der Erde waren so noch einmal getrennt.

Ein Hirte ging über die Brücke mit einer großen Herde von Schafen. Die Herde lief langsam dahin auf den Feldern der Ebene, – es war wie ein weißlicher Hügel, der langsam über die Ebene wanderte.

MAILAND

8. Februar

Im Zuge nachts nach Mailand: die Lichter in einem Dorf, an dem der Zug vorbeifuhr, – die Lichter sind wie Zaubervögel, die im Schlaf zu leuchten anfangen von dem Licht, das tagsüber von der Sonne auf sie fiel.

Im Zuge, mir fast gegenüber, saß eine ältere, böse Frau, nicht nur *ihre* Zeit nahm ab, indem sie älter wurde, es schrumpfte die Zeit überhaupt ein und der Raum, alle im Zug waren auf eine fast schreckliche Weise näher beieinander, als sie es wollten.

Nachts in Mailand: unterirdisch erscheint die Stadt. Ist unter der Fläche, auf der wir gehen, noch ein tieferes Dunkel und Menschen auch dort?

Später in der Nacht, vom obersten Stockwerk eines hohen Hauses herabschauend: auf dem Lago Maggiore legen die Fischer nachts schwimmende Büchsen aus, in denen Lichter brennen, Zeichen, wo die Fischernetze schwimmen, – so erscheinen mir die Lichter in der Stadt: wie Lichtzeichen eines großen, bösen Netzes, in dem die Nacht gefangen werden soll.

Aber B., der neben mir stand, sagte: Nein, es ist unser Tag, der in diesen Lichtern zu Ende verglüht, es sind die verbrennenden Reste des Tages aus unserer Welt, wo es nur noch Helligkeit, aber keinen Tag mehr gibt.

Ein kleines Kind in einem Nachbarhaus fing jetzt an zu schreien, – das war wie ein schmaler, harter Fußweg in eine unversehrte Nacht und in einen unversehrten ganzen Tag.

9. Februar

Am Morgen, sehr früh in der Stadt: ein paar Häuser kamen aus dem Nebel der Morgendämmerung heraus, verspätet der großen Karawane der Häuser folgend, die verschwunden waren in der Nacht. Jetzt aber fing das Licht an, in die Stadt zu kommen, und die Häuser wurden niedergedrückt in die Erde vom Licht und blieben.

Immer mehr wird es Tag. Die Menschen gehen auf der Straße, die von den grauen Wänden der Häuser eingefaßt ist, wie in einer Rinne, wie das letzte, das in den Zwischenräumen der Häuser noch fließt, ehe die Häuserwände zusammenfallen. Aber indem die Menschen zwischen ihnen gehen, ist es, als ob die Häuserwände fester würden.

Jetzt ist es ganz Tag, die Häuserwände scheinen mehr auf die Seite geschoben, und die Menschen gehen in der Straße wie an einem Band von Licht, das vor ihnen herabgefallen ist und sie führt.

Immer fällt mir das zerstörte Gesicht des Menschen in der Stadt auf. Die Zerstörung ist aber kein endgültiges Faktum, sondern der Zerfall beginnt in jedem Augenblick von neuem, das bedeutet aber, daß er auch in jedem Augenblick aufhören kann.

»Immer werden unter den vielen zerstörten Gesichtern auch andere unversehrte Gesichter da sein, nur wird ein solches Gesicht isoliert sein, es wird sich zu keinem anderen mehr hinbewegen können, es wird das Edel-Unbewegte der romanischen Steinfiguren haben, aber nicht in der Starre des Steins, sondern als ein Lebendiges.« (Das Menschengesicht)

Nachmittags

Der Conte F. de A. hatte mich gebeten, nach Mailand zu kommen, er habe eine Psychose, von der ich ihn kurieren solle.

Er erzählte, als Kind sei er in der Nacht im Traume oft von einem Teufelchen geplagt worden, es habe fast so ausgesehen, wie das winzige, menschenähnliche Wesen, das er in Brüssel im Palais des Arts viele Jahre später auf einem Bild der niederländischen Schule »Versuchung des heiligen Antonius« gesehen habe. Das Teufelchen auf dem Bilde war neben dem Heiligen im Gras verkrochen, wie ein böses Gewächs des Bodens, wie eine böse Geschwulst der Gräser, aber das Gesicht und auch sonst die Gestalt war menschenähnlich. Als der Conte das Bild sah, schien es ihm, als sei das Männchen aus seinem Traum in das Bild geflüchtet. Dort stand es versteckt, als sei es immer dort gewesen, sehr sicher, es war die Plage, der Plaggeist des heiligen Antonius.

Der Traum also, von dem der Conte erzählte, kam bis zu seinem fünfzehnten Jahr fast jede Nacht zu ihm, die Figur war winzig, rotgekleidet, mit einem Gürtel von Glöckchen um den Bauch und mit einer Zipfelmütze, die auch ein Glöckchen hatte, das ganze Teufelchen war nicht größer als zwanzig Zentimenter, es ging nicht, es hüpfte, es schwang sich in einem Schwung vom einen Ort zum andern, ganz schnell und überall einen Augenblick querlings absitzend, bald auf einer Stuhllehne, bald an einem Balken der Zimmerdecke, auf dem Boden und vor allem auf der Brust des Schlafenden, beim sich Schwingen immer mit den Glöckchen schellend, beim Absitzen ganz still; seine Mutter habe gesagt, das sei il doghinetto oder wie die schweizerische Amme es genannt habe: das »Doggeli«. In den letzten Jahren habe er, der Fünfziger, oft Sehnsucht gehabt nach dem Doggeli, obwohl sein Erscheinen schmerzlich und bedrückend gewesen war, es hatte ein weißes Spitzbärtchen und hellrote Backen und sah nicht bös aus, das Beängstigende kam durch das rasche Herumspringen und die rote Farbe. »Man kann fast sagen«, fügte er hinzu, »das Männchen rüttelte mir die Träume kaputt.« Nach ihm, dem Doggeli, hatte der Conte also jetzt Sehnsucht, so sehr, daß er fast nichts mehr denken konnte, das Doggeli störte ihn nicht mehr in der Nacht, sondern am Tage.

Nun war etwas Neues hinzugekommen: seit einigen Wochen kam in seinen Traum eine Frau, ein frauenartiges Wesen, klein, aber keine Zwergin, mit einem Buckel, in einem blauen, einfachen, sackartigen Kleid, blond, das Gesicht hatte eine frische, rosige Farbe, sie sah aus wie eine Näherin, die nicht selber eine Schneiderei besitzt, sondern angestellt ist und jetzt eben einen freien Nachmittag hat. Einen kleinen roten Regenschirm hatte sie an der Hand, und plötzlich fiel ihm ein, das rote Tuch dieses Schirms sei aus dem roten Kleid des Doggeli gemacht, überhaupt sei dieses frauenartige Wesen das verwandelte Doggeli. Das Wesen kam auf ihn zu, es ging nicht, es schwebte auf ihn zu, der Conte wich rückwärts aus dem Zimmer in den Korridor, das Wesen folgte ihm lächelnd, er sah, wie das Blau des Kleides sich allmählich auflöste, auch das rote Tuch des Schirmes, das wie ein böser Regenbogen durch das Blau sich zog, und er spürte, wie er selber anfing sich aufzulösen, er wußte, daß das der Tod sei, und im Erwachen hörte er noch selber, wie er um Hilfe rief.

Diesen Traum hatte er nun seit mehreren Wochen, er

getraute sich nicht mehr zu schlafen, weil er den Traum fürchtete, aber in dem müden Schlaf gegen Morgen drang der Traum dann doch hinein. Immer größer sei die Sehnsucht nach dem Doggeli geworden, als nach etwas Rettendem, – aber wie könne der Plaggeist seiner Jugend ihn retten?

Ich schreibe hier nicht auf, wie ich mit dem Manne umgegangen bin, nur das Prinzipielle: man kann Psychosen nicht weganalysieren, wie man eine Geschwulst wegoperiert. Die Psychosen sind oft Ausscheidungen der Seele, durch die sich die Seele reinigt. Sie drücken auf die Seele, aber sie zerstören die Seele nicht, wie es geschähe, wenn sie unausgeschieden, unausgeformt in der Seele wären. Man muß den Menschen dazu bringen, daß er mit seiner Psychose leben kann. Man muß die Existenz eines Menschen so breit machen, daß die Psychose in ihr Platz hat.

Eine Psychose ist primär nicht Zerstörung an sich, sie setzt einen Wert voraus, sie deformiert diesen Wert. Wenn ein Mensch, zum Beispiel, eine Zwangsvorstellung hat, so liegt ihr das Streben zugrunde, innerlich ein Zentrum zu haben: ein wirkliches Zentrum ist nicht da, die Zwangsvorstellung ist ein Ersatz dafür, die Psychose ist also eine Deformation von etwas, das an sich gut ist. Durch die psychoanalytische Behandlung wird oft die Zwangsvorstellung weggebracht, aber zugleich auch der Wert, der der Krankheit zugrunde lag. Es scheint mir besser, den Menschen dazu zu bringen, mit der Psychose zu leben – dann wird der Wert in ihr nicht aufgelöst –, als die Psychose zu entfernen, aber damit auch die Voraussetzung der Psychose, den Wert.

MODENA

11. Februar

Der Dom: mächtig erhebt er sich, es ist wie ein Aufstand der Steinmassen gegen den Himmel, die Steinmassen haben Türme und Querbogen bei sich. Aber das Dach legt sich breit, besänftigend darüber, und aus dem Aufstand wird eine Begegnung zwischen der Erde, die sich erhob, und dem bis zum Dach herabgekommenen Himmel. Es ist keine freundliche Begegnung, sondern eine strenge, aber die kleinen Säulen, die oben rings um den Dom gehen, mildern das Strenge durch etwas Heiteres, Kindliches.

12. Februar

Heute in der Frühe wieder vor dem Dom: wieder sehe ich, wie die Erde sich in den Steinen herauswirft aus der ebenen Fläche, aufwärts drängt sie, ein Ausbruch, vulkanisch ist es, dann hört es auf, wie vom Blitz berührt, der entlang dem Campanile lief: gezähmt ist der Aufruhr, gern kommt die Erde nach oben und läßt sich zähmen.

In der Galeria Estense sah ich ein paar Bilder der Schule von Modena aus dem 14. Jahrhundert: die Köpfe sind wie in den Goldgrund gesät, sie entfalten sich langsam, man spürt das Langsame der Zeit, man sieht fast, wie die Körper dem aufgegangenen Kopf nachwachsen.

Die Via Emilia, die alte Römerstraße, geht mitten durch die Stadt. Wir gingen am Abend auf ihr hin und her. Hier in Italien ist die Vergangenheit ständig in der

Gegenwart darin. Wenn die Gegenwart intensiv da ist, wie in Italien, dann hat sie die Kraft, die Vergangenheit zu sich herzuziehen, wie die Kraft des Opfertieres, das Odysseus im Hades opferte, imstande war, die Schatten der Verstorbenen zu sich zu holen. Die Vergangenheit kehrt zurück, angezogen durch die Macht der Gegenwart.

Aber sonst, in den anderen Ländern Europas, fängt die Vergangenheit, die Geschichte an, allmählich sich loszulösen von der Gegenwart, sich zu vergraben, versteinert zu sein, und die Historiker kommen mir vor wie Ausgraber, Archäologen. Die Geschichte ist gleichsam Prähistorie geworden, so fern ist sie der Gegenwart.

Die Vergangenheit ist versteinert, darum kommt sie nicht lebendig, sondern gespensterhaft zu uns. Die Gespenster kommen aus der Vergangenheit zu uns, nicht weil wir stark sind, sondern weil wir aufgelöst sind, durchlässig geworden für alles.

In München, am Ende des 19. bis in die zwanziger Jahre des 20. Jahrhunderts, lebte Alfred Schuler, der Bachofens Bedeutung zuerst erkannt hatte. Er sah aus wie ein römischer Cäsar, er trug zeitweise auch eine Toga, ich selbst sah ihn, mit einem Halbedelstein vor den Augen – wie ihn die Römer als Brille benutzten –, ein Manuskript lesen. Er sah aus wie ein kurzsichtiger Römer, auf selbstverständliche Weise, nicht wie einer, der sich kostümiert hatte. Als er zum ersten Mal in Rom war, ging er in der Stadt herum, als ob er immer dort gelebt hätte, er deutete auf Stellen im Boden, unter denen römische Altertümer vergraben seien, und sie wurden auch dort gefunden. Er suchte das Wissen um die römischen Dinge nicht, es schien, als würde er von ihnen aufgesucht, er schien porös zu sein für sie.

Wir können uns gegen nichts wehren, was uns besitzen will, wir glauben alles zu besitzen und werden von allem besessen. Mir scheint, daß wir nicht nur *uns* damit schädigen, sondern auch die Dinge selbst, die aus der Vergangenheit zu uns kommen, denn durch unsere Brüchigkeit ziehen wir sie zu uns hin, wir verlocken sie, wir stören sie auf. Wir haben nicht nur die Gegenwart zerstört, wir fangen an, auch die Vergangenheit zu zerbröckeln.

Es paßt dazu, daß die Menschen heute überall Geister- und Spukerscheinungen beobachten. Wahrscheinlich sind sie wirklich vorhanden, aber sie zeigen sich nur, weil *wir* nicht mehr vorhanden sind, die Geister okkupieren den Raum, den wir nicht mehr vermögen auszufüllen. Daß Geister bei uns aufzutreten wagen, ist ein Zeichen für unsere Substanzlosigkeit. Wir haben nicht nur unser Leben ins Durcheinander gebracht, sondern auch die Geister. Denn die Geister vermögen nur in der rechten Weise Geister zu sein, wenn wir in der rechten Weise Menschen sind. Dann grenzen wir das Leben, das zu uns gehört, deutlich ab von dem Unleben der Geister und machen so den Geistern *ihren* Raum, der ihnen gehört, deutlich. Durch unsere Festigkeit und Umgrenzung wird auch der Raum der Geister fest und umgrenzt. Indem wir ganz und gar Menschen sind, werden die Geister ganz und gar Geister, geschieden von uns, wie es die Ordnung der Welt will.

Der Freund sagte: »Auch in Italien sah ich einmal die Vergangenheit in die Gegenwart gespenstisch hineindringen. Vor zwei Jahren ging ich von Perugia nach Bettona zu Fuß, drei Stunden war ich gegangen, plötzlich bog links von der Staatsstraße eine Zypressenallee ab, es war, als ob ich mitgewendet würde von der scharfen Kehre, mit der der Zypressenweg abbog von der Hauptstraße, und ich blieb auch erst stehen, als der Weg aufhörte, ein Gartenportal stand offen, hinten im Garten war ein Herrenhaus aus dem 17. Jahrhundert, rechts vor dem Parktor lag auf einer Barocksteinbank ein Mann in den fünfziger Jahren, daneben eine Frau, beide aussehend wie auf den etruskischen Graburnen ein Mann und eine Frau, auch so hingestreckt, gegeneinander, und mit dem behäbig-süffisanten Gesichtsausdruck, den die meisten etruskischen Urnengesichter haben. Eine Zeitung lag vor der Bank des Mannes, noch zusammengefaltet, wie sie gebracht worden war. Hie und da fiel sein Blick auf den Schatten, den ein großer Sonnenschirm auf den Boden vor die beiden warf. Ein Automobil kam angefahren, zwei junge Menschen gingen an den beiden vorbei, sie grüßten nicht und wurden nicht gegrüßt, es war, als ob keines das andere sehe, ein junger Mann und eine junge Frau gingen vom großen Haus her den beiden entgegen, die vier fingen an, Tennis zu spielen, zweimal fiel ein Ball, hinaus über das Gitter, vor den beiden Alten an der Bank auf den Boden und sprang wieder hoch über die beiden hinaus, als wollte der Ball sie überspringen, wie der Blick der Menschen sie übersehen hatte. Das Mädchen, das mit dem Auto gekommen war, holte aus dem Auto einen kleinen Radioapparat, drehte ihn an und setzte ihn auf den Boden vor die zwei Alten, politische Nachrichten wurden aus dem Radio herausgesprochen, dann wurde ein Musikstück von Kurt Weill gespielt, die beiden Alten schauten nur auf die Linie des Schattens, der gegen den Radioapparat vorrückte. Der Schatten nur schien zu ihnen zu gehören, – das Radio und die anderen Menschen, sie achteten nicht darauf und sie selber wurden nicht beachtet.

Mir war es, als seien die beiden Etrusker durchgebrochen aus der Vergangenheit in unsere Gegenwart hinein, sie brachten noch ein Stück jener bald hellen, bald dunklen Schicht mit sich, durch die die Vergangenheit sich trennt von der Gegenwart und mit welcher Schicht sie sich selber trennten von dem ihnen Fremden hier in der Gegenwart.

Auf gar keine mystische Weise gewiß waren diese beiden etruskischen Gestalten in unsere Gegenwart gekommen, sicher wurden sie vor ungefähr fünfzig Jahren in jenem Haus oder in einem ähnlichen geboren von Eltern, die nicht anders aussahen und nicht anders waren, als sonst die Besitzer von Herrenhöfen heute. Aber das Geheimnisvolle ist dies: daß die beiden Etrusker auf dem gewöhnlichen Wege der Geburt hier ankamen, und doch war es, als seien sie in diesem Augenblick wie durch einen Riß der Luft in die Gegenwart plötzlich hineingebrochen. Die Geburt, die Entstehung, war nebensächlich, sie galt nicht gegenüber der heftigen Tatsächlichkeit, mit der sie vor einem waren. Diese heftige Tatsächlichkeit hatte alle Genese aufgesogen: zwei Etrusker lagen da, an etwas anderes dachte ich nicht.«

26. Mai

Die Kirche S. Petronio: die graue, harte Fassade ist als eine Grenzwand zwischen der Welt und der Überwelt hingestellt. Heilige sind am Hauptportal eingemeißelt: Grenzwappen am Übergang von der Welt zur Überwelt. So mächtig ist der Raum innen: er wird nicht von den gotischen Bogen gehalten, er hält *sie*. Langsam fließt das Licht wie aus Röhren aus den Fenstern in den Raum hinunter.

Menschen gehen durch den Dom, eintretend an einem Portal und an der Gegenseite den Dom verlassend. Aber im Dom selber ist ein Mensch so sehr gegenwärtig, daß ich erschrecke, wenn er auf einmal nicht mehr da ist: die Menschen scheinen nicht aus dem Dom hinauszugehen, sondern plötzlich weggenommen zu werden, zu verschwinden.

Die Kirche Santo Stefano: sie ist aus acht Gebäuden zusammengesetzt, die ineinander verschlungen sind, wie ein Geschöpf, das noch unfertig im Mutterleib ist und von dem man noch nicht weiß, ob eine einzige Gestalt oder mehrere daraus entstehen sollen. Der Aufbruch der Erde nach oben, das Chthonische der Erde ist in der Bewegung der Mauern darin. Dieser Aufbruch der Erde liegt weit zurück, jetzt sind die Mauern nichts als Kirche für die Menschen, aber der Aufbruch ist noch in der Kirche darin, selbst er, wie alles, was zum Menschen gehört.

Innen, links von der Hauptkirche, ist S. Sepolcro, ein achteckiger Zentralbau aus dem 10. Jahrhundert, dunkel, als hätten sich die Steine noch nicht gelöst von der Finsternis unter der Erde. Steinblumen sind rings um die Kapitelle der Säulen, mitgebracht aus der Tiefe der Erde, wie Versteinerungen aus einem anderen Aeon.

Das ewige Licht in S. Sepolcro: es ist, als hätte es der Erde vorgeleuchtet, als sie sich herauf aus der Tiefe bewegte. Alles ist noch zitternd und schwebend hier. Der Boden würde sich weiter heben, wenn nicht der Schritt der Menschen ihn berührte, gehalten ist er vom Schritt der Menschen.

Ich schaue die Kapitelle noch einmal an: dicht sind die Blumen an ihnen, als ob sie innen durch die Säulen hindurch gewachsen und durch die Fülle an den Kapitellen herausgebrochen wären.

In der dritten Kirche SS. Pietro e Paolo sind zwei Sarkophage aus dem 9. Jahrhundert. Die Einsamkeit der Jahrhunderte, die nicht einmal mehr von der Erinnerung der Menschen berührt werden, ist um die zwei Sarkophage, die Luft ist geronnen um sie herum. Von der Straße her hört man das Geräusch der Autos, es ist, als ob die Luft draußen unwillig kreische, und die Luft um die Sarkophage fängt an zu zittern. Der Tod selber scheint hier begraben zu ein, auseinandergebrochen in den zwei Sarkophagen. Denn einen Tod gibt es nicht mehr draußen in jener Welt, von wo man die Autos hört, dort gibt es anstatt des Todes nur noch das Ende: etwas hört auf, einer hört auf, das ist der Ersatz für den Tod.

27. Mai

In der Pinakothek: gibt es eine Welt der Bilder? Eine Welt, wo nichts als Bilder sind? Manchmal scheint es mir, als seien die Bilder in den Museen nur der sichtbare Teil der unendlichen *Welt* der Bilder, und die Bilder, die wir sehen, nur herausgeschickt, vorgeschickt, Abgesandte der unsichtbaren Bilder. Dann ist der Goldgrund der Bilder der Glanz, durch den sie sich wieder zurückfinden zu den unsichtbaren.

Die Farben auf den Bildern des 14. Jahrhunderts: nicht nur soll mit ihnen eine Sache gemalt, die Farbe an den Dingen gezeigt werden, mir ist, als geschehe noch mehr durch sie: die Farben an den Dingen, außerhalb der Bilder, werden bestätigt hier; das Rot, das Grün, das Blau sind hier, auf den Bildern, daheim, von hier aus fallen sie auf die Dinge, hier stärken sich die Farben der Dinge. Das Gold aber auf den Bildern, es strahlt nicht nur nach außen wie die anderen Farben, sondern auch nach innen, dorthin, wo es herkam.

Pergamenthandschriften liegen aufgeschlagen da: es ist, als sei jeder Buchstabe wie ein silbernes Gerät von einem Handwerker in der Werkstatt gemacht und dann hierher gesetzt worden; es ist keine fliehende Schrift, keine davonlaufende, sondern eine stehenbleibende. Das Wort wird hier nicht fortgeschickt durch die Schrift, sondern festgehalten.

Ein Mann war in der Pinakothek vor den Bildern, ein Mann in den fünfziger Jahren, er schaute die Bilder an, wie ein Naturforscher eine neue Art Insekten, oder besser: wie ein Ägyptologe eine Hieroglyphenhandschrift. Es war keine Bewegung in seinem Gesicht zu sehen, aber wenn er die Distanz gefunden hatte, von der aus er am deutlichsten die Merkmale eines Bildes erkannte, schien er zufrieden, er nickte mit dem Kopf. Er beachtete niemanden im Saal, er schaute auf die Bilder, als hätte er ihnen befohlen, hier in diesem Saal sich zu versammeln, und als untersuchte er jetzt, ob jedes auch alles mitgebracht habe, was zu ihm gehöre. Es war wie eine Musterung. Jede Bewegung des Auges ging zum Bilde und jeder Schritt vor ein Bild war genau, und nur dies gab es bei ihm: den Schritt zum Bilde und die Bewegung des Auges hin zum Bild, es war, als hätte er überhaupt nie etwas anderes getan als dies, ich konnte mir nicht vorstellen, daß er an einem Tisch sitze und Wein trinke und Brot esse, es war als ginge er immer durch Säle hindurch, und überall dort, wo er hinkam, taten sich vor ihm Säle mit Bildern auf. Zuerst schien er mir wie ein Beauftragter, einer, der den Auftrag hatte, die Bilder so zu untersuchen, wie er es tat. Aber nein, das war kein Beauftragter, das war ein Herr. Er sprach also mit niemandem, – aber auf seinem Gesicht war wunderbar die Rede mit einem anderen, der Dialog, eingeprägt, und eingeprägt war der Dialog in seinem Profil: hin und her ging es in diesem Profil, aber nicht zackig und unzentriert, sondern jede Linie des Profils war eine geformte Antwort auf die vorangegangene Linie. Ein solches Maß, ja eine solche Schönheit war in dem Profil: es war wie eine Treppe aus Marmor, auf der Aufwärtsgehen und Abwärtsgehen eines war und oben zugleich unten und unten zugleich oben: eine Zaubertreppe, auf der sich jede Stufe bewegte und doch immer alles am gleichen Ort war.

Nachmittags

Auf der Höhe von San Michele in Monte ob Bologna: wie durch einen Feldherrenplan ist alles verteilt. Die Ebene ist in die Weite geschickt, die Berge, Hügel in die

Höhe. Die Stadt Bologna liegt wie etwas Nebensächliches in der Ebene alles Aufdringliche der Stadt, alles Harte an ihr ist verschwunden.

28. Mai

In der Stadt gegen Mittag: dicht, in Knäueln, sind die Menschen auf den Straßen, an der Piazza beieinander, als ob sie sich nur in Knäueln bewegen könnten. Die Paläste haben etwas Drohendes, als könnten sie im nächsten Augenblick zueinander sich schieben und die Menschen zwischen ihnen erdrücken.

Das Wasser fließt um die Putten und um die Nymphen des Neptunbrunnens auf dem Platz wie von jeher. Dauer, Unveränderlichkeit, ist auf einmal da. Zwei junge Mädchen lösen sich aus dem Knäuel, so leicht und sicher, wie das Wasser aus dem Brunnen fließt, auch das wird immer da sein: zwei Mädchen, die aus einer Masse wie ein Quell entspringen und die Masse wieder lebendig machen.

Abends war ich bei Professor S. Er kam von Rom, von den Antiken des vatikanischen Museums, er sagte, daß sie ihm nichts mehr bedeuten, er wisse aber, das sei sein Defekt, unser Defekt.

Der Dichter O. antwortete ein wenig traurig, aber wie jemand, der zu scheu ist, traurig zu sein: »Mir scheint, daß die antiken Marmorgötter sich weggewendet haben von uns, sie wollen sich nicht mehr uns geben, sie haben sich zurückgezogen, hinter die weiße Wand des Marmors. Als ich über die Figuren schaute, schienen sie mir wie eine weiße Wand, hinter der die Götter entflohen waren, zurück blieb nur die marmorne Hülle. Ja, der

Satz, der bloß Phrase war, ist wirklich geworden: sie sagen uns nichts mehr, sie sagen *uns* nichts mehr, *sie* wollen uns nicht mehr.«

Es war still nach diesen Worten, es war, als ob man in dieser Stille die Götter schweigen hörte.

Ich schaute langsam den Dichter an. Er sah aus wie einer, der nicht die Dinge sucht und sie dann ergründet, sondern wie einer, dem die Dinge sich selber anbieten und ihm das sagen, von dem sie wollen, daß es ein Mensch hört. Die beiden Hälften seines Gesichtes waren wie zwei silberne, mit hellbrauner Patina bedeckte Schalen, dünne Schalen, in die die Dinge sich fallen ließen, zu ihm hin. Wenn sie fielen, so verwandelte sich der helle Klang ihres Falles in ein Blitzen in seinen Augen.

4. Juni

In der oberen Stadt, auf der Piazza Garibaldi: das ist der alte Marktplatz, es ist *der* Platz, das antike Forum könnte hier gewesen sein. Der Platz allein gilt; wie er umgrenzt ist, scheint nebensächlich.

Ich gehe durch den gotischen Palazzo della Ragione, das alte Gerichtsgebäude, zum Domplatz. Auf dem Vorbau des Domportals sind Heilige im Stein. Man spürt, was Zeit ist, da diese Gestalten so viele Jahrhunderte im Stein unbeweglich sind und andere hinter ihnen, die darauf warten, wie sie im Stein zu sein, man spürt die Zeit, dicht gelagert wie in einem ungeheuren Magazin.

Die zwei Löwen, die die Säulen des Portals tragen: einsam ist der Schrei, der aus ihrem Maul herausfällt, so einsam, daß er wieder auf sie zurückfällt, ihre Gesichter bröckeln ab dadurch, – so wird manchmal auf das Gesicht eines bösen Menschen das Böse, das von ihm ausging, wie durch einen Hammer zurüchgeschlagen und das Gesicht stumpf gemacht.

In einer Gasse hinter der Piazza gehe ich durch eine große Glastüre in den Hof eines Palastes. Kein Mensch wohnt mehr in dem Hause, eine Mauer des Hofes schaut die andere an, die Mauern sind blind vom leeren Schauen, der Glanz des Menschenauges fehlt, der die Mauern hell macht.

Ein anderer Palast in der Nähe: er steht unten fest auf einer hohen Mauer, als ob er sich nicht von dort fortbewegen wollte, dann erst verteilt er sich nach oben. Die

Zeit, die gebraucht wurde, um vom Boden her ins Freie zu kommen, ist in dieser langsamen Bewegung von unten nach oben darin: der Raum des Palastes ist nicht allein, er hat die Zeit mitgebracht, in der er entstand. Heute ist in einem Bau nur der Raum da, die Zeit ist nicht mehr für sich, als Qualität, darin, sie ist nur etwas Quantitatives, das aufgebraucht wird bei der Errichtung des Baues, als wäre die Zeit ein gleichgültiges Material.

Dieser Palast steht in einer engen Gasse, überragt von anderen Palästen, es ist keine Aussicht hier. Der Palast hat die Aussicht nach innen, zu sich selber. Ich denke an Jacob Burckhardt, der in Basel nicht in einem Haus wohnte mit der großen Aussicht auf den Rhein und auf die Schwarzwaldberge, sondern in der St. Albanvorstadt ohne Aussicht.

Ein Nebel liegt über der Stadt und über den Bergen ringsum, er dringt allmählich herab bis zur Allee, die von der unteren Stadt nach der oberen geht. Die Menschen und die Dinge werden getrennt voneinander durch den Nebel, sie erscheinen durchsichtig und schwebend, wie Bilder einer jenseitigen Welt.

Ein Beet von Astern in einem Garten vor mir drückt seine rostbraunen Blüten fest in die Luft, als suche es sich daran zu halten, als wehre es sich, mitgerissen zu werden vom Nebel.

Ich gehe zurück, einer alten Mauer entlang, ein paar Steine sind aus ihr herausgefallen, aber der Widerhall der Schritte ist wie die Schläge eines Hammers gegen die Mauer, und die Mauer scheint durch die Schritte des Menschen fester zu werden.

Ich komme an einer Schuhmacherwerkstatt vorbei und

ein paar Häuser weiter an einer Schreinerwerkstatt, viele Frauen und Männer sind in beiden, sitzend und stehend, und reden miteinander, einige verlassen die Werkstätte und andere kommen. Die Menschen hier haben Zeit und zwar nicht jene Zeit, die man mit sich nimmt wie in einer Konservenbüchse und am Sonntag Mittag entleert, als »freie Zeit«, sondern es ist jene Zeit, die auch in den Palästen ist, die Zeit, die die Mauern gebraucht hatten, bis sie in der Höhe angelangten, aber die auch dann noch nicht verbraucht war, sondern jetzt erst erfüllt, erfüllt im Raume, und dadurch erst eigentlich da, – genau so war die Zeit bei diesen Menschen, sie war nicht durch den Ablauf des Lebens aufgebraucht, sie wurde erfüllt durch das Leben, sie war in der Fülle am Ende des Lebens, nicht an seinem Anfang, und in dieser sich füllenden Zeit lebten sie.

6. Juni

Der junge Advokat R. in Bergamo bat mich, ihn zu dem Pfarrer in B. auf den Höhen über Bergamo zu begleiten. Der Pfarrer war der Herr über die Seelen in seinem Dorf, aber auch der Herr über das Land, das Vieh und das wenige Geld, nicht nur in seinem Dorf, sondern auch in vier Nachbardörfern. Er beriet die Kaufenden und die Verkaufenden, er vermittelte selber Käufe und Verkäufe, er lieh Geld aus, eigenes und das von anderen, er sorgte, daß die Schuldner bezahlten, die Armen kamen ihm wie Leute vor, die es versäumt hatten, ihn um Rat zu fragen. Er ging nie aus dem Dorf heraus. Hier war er der Herr, der Herr ging nicht fort, zu ihm kam man; das Dorf und die vier Nebendörfer, das war nicht nur seine, das war *die* Welt: Felder, Vieh und Geld gab es nur in den fünf Dörfern, das Geld außerhalb ihrer ging ihn nicht nur nichts an, das gab es eigentlich gar nicht, es schwankte nur etwas so hin und her zwischen den Banken, das nannte man Geld, niemand sah es. Hier aber in den fünf Dörfern war das Geld da, es war bei ihm, er war eingesetzt, darüber zu wachen, einer mußte das besorgen, er besorgte es. Es gab bei ihm keinen Widerspruch zwischen dem Glauben und dem Leben mit dem Geld. Zum Glauben hin gab es überhaupt keinen Gegensatz. Er glaubte so sicher, wie er atmete, er konnte sich gar nicht vorstellen, daß einer nicht glauben könne, wie er sich nicht vorstellen konnte, daß einer nicht atme, während er lebte. Draußen, jenseits der fünf Dörfer, mochte es einen bösen Unglauben geben, aber das war ja keine Welt, das war vielleicht einmal eine gewesen.

Nahe dem Dorf kam uns eine schwergefügte Gestalt entgegen, die dem Kanzler Rolin auf dem Bilde des Jan van Eyck ähnlich war. Es war der Pfarrer. Er ging nicht nur in der Richtung nach vorn, er schien sich gleichzeitig auch nach den beiden Seiten zu bewegen, er nahm breit das Land unter sich mit den Füßen.

Er war nicht, wie fast immer der Mensch heute, etwas, das an einem vorbeistreift, etwas, das nur vor einem auftaucht, um an einem vorbeizustreifen, er war *da*. Er stellte mehr dar, als er wußte, mehr, als von seiner Person aus in ihm war.

Das Pfarrhaus, das einmal das Haus seiner Vorfahren gewesen war, hatte fünf Anbauten, sie gingen nach allen Seiten, drei davon berührten die Nachbarhäuser. Es war, als ob er sich zu allen andern Häusern des Dorfes hinbewegen könne, wie durch einen Tunnel, ich dachte an das »Ohr des Dionysius« von Syrakus, der durch die Anordnung der Mauern seines Palastes die Gespräche der Höflinge belauschen konnte, wo immer auch sie sich im Palaste befanden. Auf dem Eßtisch stand schon ein Teil der Speisen, die andern hörte man braten von der Küche her. Es war still im Hause, nur das Summen des Feuers und das Zischen der bratenden Speisen kam auf einen zu. Der junge Advokat wurde an das eine Ende des Tisches gesetzt, ich an das andere, der Pfarrer war in der Mitte. Der junge R. wurde nicht in seiner Person geehrt, nicht als der Herr R., sondern als Advokat, der in der Ordnung der Menschen dem Stande der Advokaten angehörte, der Stand, die Ordnung wurde geehrt, und ich war auch nicht »il signor M. P.« sondern »il signore dalla Svizzera«, der Fremde aus der Schweiz, der ein Anrecht hat auf die Gastfreundschaft.

Eine Frau bediente uns, der Pfarrer aber bediente sich selber. Die Speisen, von denen wir gegessen hatten, wurden nicht in die Küche zurückgebracht, sondern auf einen Tisch neben unseren Tisch gestellt.

Fast am Ende des Essens kam ein Mann vom Dorf, um eine Schuld zurückzubezahlen. Der Pfarrer nahm aus einem eisernen Kasten in der Wand ein dickes Buch und blieb vor dem Kasten auf einem Stuhl sitzen. Er blätterte die Seiten des dicken Buches um, die Schuldner tauchten rasch vor ihm auf und verschwanden wieder, die Lippen bewegten sich, er zählte sie vor sich her, die lange Reihe, aber jetzt war er gar nicht mehr der Herr, der Mächtige, wie er es am Tisch war, dort am eisernen Kasten war er eher klein, ein wenig eingeschrumpft, er verschwand in sich selber, daß die schwarze Soutane nicht mehr wie sein Kleid war, sondern wie ein Tuch, das ein Fremder über ihn geworfen hatte.

Der Bauer ging zu ihm hin und gab ihm das Geld. Jetzt holte sich der Pfarrer wieder aus sich selber heraus, er führte den Bauern an den Tisch, als ob er ihm eben auf einem Spaziergang begegnet wäre und ihn zum Essen heimbrächte, und wir alle vier aßen weiter.

Auf dem Heimweg sagte der Advokat, so selbstverständlich sei dieser Mann in seinem Wesen da, daß man meine, er, der Pfarrer, sei nicht der einzige noch in unserer Zeit in dieser Mächtigkeit, sondern die Selbstverständlichkeit seiner Erscheinung mache glauben, daß es noch viele derartige Gestalten gebe, und das sei ein Trost.

12. Juni

Der Duomo Vecchio, der Alte Dom, gewöhnlich la Rotonda geheißen, ist ein mächtiger, runder Bau mit einer Kuppel, er sieht barbarisch aus, wie der unterste Teil des zerbrochenen Turmes von Babel. Man würde sich nicht wundern, wenn einer, der durch das Tor hineinginge, drinnen festgehalten würde, so groß ist in dem runden Bau die Kraft, zu umfassen und festzuhalten.

Ich gehe auf dem Platz vor dem Dom hin und her, ich denke an zwei Briefe, die ich heute morgen bekam, an die Nachrichten, die ich in der Zeitung gelesen hatte, – das ist alles wie vor vielen Jahren geschehen, so groß ist die Macht der Gegenwärtigkeit dieses Baues.

Daneben ist der Duomo Nuovo aus dem Anfang des 17. Jahrhunderts mit einer weißen Marmorfassade, – er ist wie begraben im Weiß seiner Einsamkeit.

Die Menschen, die vorbeigehen, schauen nicht auf die Dome. Es ist, als ob die Einsamkeit der Dome den Blick der Menschen wegschöbe. Die Luft selbst zwischen den Domen und den Menschen ist wie eine Wand. Die Dome, die, verlassen von den Menschen, in sich hineinzusinken scheinen, und die Menschen, die, die Dome verlassend, aus sich herausstürzen und sich selber verlieren, – wie können sich beide wieder miteinander verbinden?

Nachmittags

Auf dem Weg zum Museum sehe ich oben im engen Raum zwischen zwei schweren Palästen ein schmales kleines Haus mit einer kleinen Treppe davor, die zu einem Gärtchen führte, die kleine Treppe war wie aus der Luft herabgelassen und das Gärtchen kam ihr von unten entgegen: das schmale Haus mit der kleinen Treppe und dem Gärtchen war wie ein Ausweg, eine Rettung.

Im Museum der römischen Altertümer: eine geflügelte Nike, – ist die Göttin selber durch das Erz gewandelt? Ihr Bild ist darin geblieben, immer noch bewegt sich das Erz in den Flügeln der entschwundenen Göttin nach.

Im Museum der altchristlichen Altertümer: ein altchristliches Kreuz, – alle Worte der Gebete, die um das Kreuz herum gesprochen worden sind, wurden eingesaugt in das Kreuz. Ein Schweigen ist um das Kreuz von dem eingesaugten Wort.

Ich gehe auf einem Umweg zurück in die Stadt durch ärmliche Gassen. Hier ist die Armut nicht dem Reichtum entgegengesetzt, als ob die Armut nur ein auf Null reduzierter Reichtum wäre, die Armut ist hier noch ein primäres Phänomen, zur Struktur des Menschen gehörend, schmerzlich zu ihr gehörend. Sonst ist heute die Armut auf ein soziologisches Phänomen reduziert, korrigierbar durch soziologische und finanzpolitische Mittel. Aber die Armut hängt nicht nur von der Volkswirtschaft ab, sie reicht bis in die Tiefe der Welt hinein und bis in ihre Höhe hinauf, und der Mensch vermag nicht ganz diese Tiefe und nicht ganz diese Höhe zu durchmessen, in die die Armut reicht. Das heißt nicht, daß die Armut wie ein antiker Fund konserviert werden solle, es heißt, daß man die Armut nicht genügend ehrt, wenn man sie bloß als soziologisches oder soziales Phänomen behandelt.

14. Juni

Heute morgen oben auf der Festung von Brescia: langsam fing es an Tag zu werden, die Häuser unten in Brescia waren noch niedergedrückt von der Nacht, die Dächer wie ineinander gefaltet. Aber an der ganzen Fläche des Himmels lag schon ein heller, breiter Schein, als ob er schon im voraus für die Sonne den Himmel besetze. Dann auf einmal kam die Sonne selber, und die Häuser unten erhoben sich, sie wurden hell vom Licht, das auf die Wände und die Fenster fiel, sie waren wie Gehäuse, in denen der Glanz der Sonne aufbewahrt werden sollte.

Mittags

In der Trattoria del Gambero: für die Menschen, die dasitzen und essen, ist das Essen keine Fortsetzung von irgend etwas oder eine Vorbereitung für irgend etwas, das Essen allein gilt; jedes Tun ist bei den Italienern noch in seinem ganzen Wesen da.

Die Menschen hier leben ohne Angst. Das, was sie tun, ist wie schon vorgezeichnet, unsichtbar vorgezeichnet, wie in der Luft, sie fahren nur diesen Linien nach. Darum sind sie sicher. Aber sie entscheiden sich immer, ob sie dem Vorgezeichneten folgen sollen oder nicht, immer sind sie zu einem Akt der Freiheit aufgerufen, das gibt ihnen den Stolz und die Würde.

»Die Italiener glauben fest, daß alles in hundert Jahren genau so sein wird, wie hundert Jahre zuvor, und dieser glückliche Irrtum nimmt ihren Seelen alle Bangigkeit.

Geschichte und Mythologie ist für die Italiener das Gleiche.« (Stendhal, Tagebuch aus Italien, 1815–16)

Anderwärts, bei den Menschen heute, ist die Angst nicht einmal eine wirkliche Angst mehr, sie muß dazu dienen, das aufgelöste Innere zu zentrieren. Die Angst ist die Mitte, um die der Mensch heute alles gruppiert, was ihm begegnet und alles, woran er sich erinnert, sie ist ein Ersatz für ein Zentrum, das er nicht hat, sie ist zu einem Ersatzzentrum degradiert.

Es ist auch ein expansives Moment in der Angst heute: sie dehnt sich auf alles aus, sie erobert dem Menschen Objekte, aber alle Objekte werden gleichgemacht durch die Angst, eines wird wie das andere, und immer von neuem stürzt sich die Angst auf die Objekte.

15. Juni

Auf der Fahrt von Brescia nach Sirmione: der Blick geht über die Fläche der Felder hin zu den Bergen am Ende der Ebene, der Berg kommt dem Blick entgegen, es ist schön, den Weg des Blickes bis zum Berg zu spüren.

Die Ölbäume: eine große Bewegung ist im Stamm und in den Ästen, überallhin will sich der Stamm bewegen, nach allen Seiten dreht er sich, auch die Äste, aber plötzlich fallen von oben, von der Krone, die Blätter dicht herab, unerwartet, und alle Bewegung hört auf.

Die Ölbäume mit ihren rundlichen, silbrig schimmernden Kronen, – das ist wie ein kleiner Himmel über jedem Ölbaum.

Die Halbinsel Sirmione im Gardasee hängt nur mit einem schmalen Streifen am Land. Wie eine Arche Noah, aus Erde gebaut, liegt Sirmione da, alles ist auf ihr, Tiere, Bäume, Menschen, wie angesammelt vor der großen Abfahrt. Die Olivenbäume erscheinen hier wie schon einmal überflutet, ihre hellen Blätter sind wie die Kämme der Wellen, die das zurückflutende Wasser zurückließ.

Vom Ende des Dorfes kommt man auf dem breiten Hügel zu römischen Mauern, die tief in die Erde hineingebaut sind. Die Mauern bilden große Bögen, eine Leere ist in den Bögen, so groß ist die Leere, daß über ihr die Wölbung des Himmels, in der kein Vogel fliegt, gefüllt erscheint. Dort, wo die Mauern in die Tiefe des Bodens gehen, ist es, als seien nicht bloß die Steine der Mauern hinab in den Boden gedrungen, sondern auch mit ihnen die Zeit, die vor zweitausend Jahren gelebte Zeit; unter den Mauern ist sie begraben.

16. Juni

Es war Abend, fast Nacht. Ein schmaler Streifen Licht war noch am Horizont. Ein Mann ging am Ufer des Sees hin und her, nackt, er war aus dem Wasser gekommen, er hatte gebadet, er war der andere weiße Streifen, der noch da war vom Tage. Der Streifen Licht am Horizont war jetzt versunken, der Mann ging immer noch hin und her, in dem weißen Streifen des am Ufer hin und her gehenden Menschen war der letzte Rest vom Licht des Tages.

Erst als er noch einmal in das Wasser hineinging und schwimmend das Weiße seines Körpers im Dunkel des Wassers verschwand, war die Nacht wirklich da.

18. Juni

Auf der Fahrt von Sirmione nach Desenzano: wir fahren durch ebenes Land, am Rande der Ebene sind kleine Hügel, die langsam gegen sie hinabfallen, die Hügel hören nicht auf, sich hinabzuschütten in die Ebene, und je länger wir in der Ebene sind, desto breiter wird sie.

VICENZA

19. Juni

Nachts vor der Basilica Palladiana, dem alten Gerichtsgebäude: die Bogen unten sind noch mächtiger als am Tage, sie scheinen jetzt nicht mehr das Stockwerk über ihnen, sondern die Nacht selber zu tragen. Ein wenig Glanz ist noch auf dem weißen Marmor der Säulen, die Nacht wird warm von diesem Glanz.

Der Palast gegenüber, die Loggia del Capitano, ist wie der Palast des Meerkönigs unten auf dem Boden des Meeres, mit hohen Säulen und Bogen über den Säulen, durch die die großen Tiere schwimmen. Der Marmor der Säulen ist rötlich, auch jetzt in der Nacht, wie vom Glanz der rötlichen Fische, die an den Säulen vorbeischwimmen. Es ist ein zauberischer Glanz, die Nacht geht um ihn herum und getraut sich nicht, ihn schwarz zu bedecken.

Ich wohne in einem kleinen Albergo, nicht weit von der Piazza dei Signori. Die Wirtin zeigt mir ein paar Zimmer, ich war der einzige Gast. Jedes Zimmer war leer, aber nicht bloß dann, als wir hinein sahen, leer, sondern in der Dauer leer, als ob jeden Augenblick ein Mensch hineinginge und zwei heraustraten. Die Betten, die Teppiche schienen eingeschrumpft, es war, als ob sie sich in dieser Leere selbst auffräßen. Die Wirtin ging sicher durch die Gänge und die Zimmer, sie hatte eine brennende Kerze in der Hand, das elektrische Licht mangelte, sie war in ihrer Sicherheit nicht ernst, sondern freundlich, und wenn sie die Türe eines Zimmers öffnete und mit der Kerze hineinleuchtete, so war es, als leuchte ihre Freundlichkeit auch noch der Leere vor ihr, daß sie den Weg finde, hinauszugehen.

Beim Ausziehen denke ich an das Gespräch mit dem Maler R. C. in seinem Atelier hoch oben in einem alten Palast. Er sagte, daß die Paläste heute ganz und gar isoliert vom Menschen seien, sein Blick zu ihnen hin werde weggetrieben von den Palästen, aber er gebe sich einen Ruck und schaue genau und lang auf sie hin, nie spüre er mehr, daß er ein Mensch sei, als wenn sein Blick den Palast erreiche, als ein Zeichen hafte der Blick an ihm: ein Mensch hat mit seinem Blick den Palast in Besitz genommen, der Palast ist für den Menschen da, der Palast ist nicht mehr isoliert und der Mensch ist nicht mehr isoliert. Im Einschlafen hatte ich noch die Stimme des Malers im Ohr, das Zimmer dehnte sich durch die Stimme, es wurde größer und höher, als wäre es ein Raum in einem Palazzo.

20. Juni

Am Morgen beim Fluß Bacchiglione: die Stadt ist heute ganz in den Nebel eingepackt, nur ein Stück Mauer und ein Stück Dach springt hie und da heraus. Ein Totenwagen fährt aus der Stadt, kein Sarg liegt auf ihm, es ist, als ob er die Stadt hinter sich herziehe.

Im Teatro Olimpico des Palladio: an der zweistöckigen Bühne, die einen hohen Triumphbogen hat und zwei Seitentore mit Straßen und Häusern, an dieser Bühne ist nichts bloß angedeutet wie bei der modernen Bühne, alles ist ausgedeutet. Sie ist wie ein Haus, das bewohnt ist und aus dem die Menschen für einen Augenblick fortgegangen sind. Das Theater damals war deutlich der Welt außerhalb des Theaters entgegengesetzt, darum antwortete die Schauspielerin in Goldonis Komödie »La Locandiera« einem Manne, der sie zu einer Lüge überreden wollte: »Fuori scena non so fingere«, »nur auf dem Theater vermag ich die Menschen zu täuschen.«

Ich schaue auf die Straße in der Mitte der Bühne, die Straße verengert sich rasch, um die Perspektive vorzutäuschen, in dieser raschen Verengung nach hinten ist eine solche Bewegung, daß es scheint, als sei dort nach hinten jemand geflohen, verschwunden. Nur ein Schatten liegt quer über der Straße, er spielt mit dem hereinfallenden Licht. Jetzt erst merke ich die Leere in den Straßen und Häusern des Theaters, auch im Zuschauerraum. Das ist das Merkwürdige an diesem Theater: es könnte ohne den Menschen sein und doch wartete es auf den Menschen.

Ich gehe zurück durch eine Seitengasse. An ihrem Ende liegt ein hoher Steinblock, ein Palast. Von der Ferne, vom Anfang der Gasse her, wirkt nur das Blockartige, Steinhafte. Ich komme näher. Menschen gehen vorbei. Es ist, als ob durch den Schritt ihrer Füße der Steinblock sich zu einem Haus geordnet hätte, ein Haus ist jetzt da, kein Steinblock mehr. Das Steinungeheuer wurde durch den Menschen menschlich.

Ich bin wieder auf dem Platz vor der Basilica Palladiana. Es ist Markt, viele Menschen sind da, die Basilica ist wie auf die Seite gedrängt, sie erschien mir zum ersten Mal einen Augenblick lang alt, vergangen: der Mensch war jetzt da, der Mensch, nur er galt. Aber dann, durch die Deutlichkeit des Menschen, wurde auch die Basilica wieder deutlich und gegenwärtig, aus ihrer Vergangenheit wurde sie zum gegenwärtigen Menschen geholt.

Der Platz also war voll von Bauern und Händlern. Das Gesumme ihrer Worte war wie eine Wolke zwischen ihnen und über ihnen, die Männer schienen in dieser Wolke gekommen zu sein. Aber es war keine Masse, in der der Einzelne weniger wird, es war Volk: der einzelne nahm zu hier, er wurde sich selber und den anderen deutlicher, er merkte seinen Unterschied vom anderen. Es war das Gegenteil der Masse, es war Volk, das sich versammelte, – der Mensch sonst, auf der Straße, in den Häusern, auf den Feldern, alle schienen von hier ausgegangen zu sein und immer wieder von hier auszugehen, es war Volk der Menschen *vor* der Zerstreuung, Volk der Menschen wie am Anfang.

Am Bahnhof vor der Abfahrt erwartete mich der Maler R. C. Jeden Morgen geht er hinauf auf den Hügel der Madonna del Monte, der Himmel sei dort sehr hoch gewölbt: »Es scheint mir«, sagte er, »daß der Himmel sich immer höher hinaufwölbe. Immer, wenn ein Mensch stirbt, vom letzten Stoß des Herzens, weicht der Himmel höher hinauf, dann läßt er sich wieder hinabfallen, aber er bleibt doch immer ein wenig ferner, immer ferner wird der Himmel durch den letzten Schlag der sterbenden Menschenherzen.« Er lächelte, das Lächeln war wie von außen her auf das Gesicht gestreut, es war mehr Lächeln auf dem Gesicht, als der Mensch von sich selber her sich geben konnte.

21. Juni

Überall bewegen sich viele Menschen, nicht eilend, eher langsam und ohne Ziel und so, als ob das Gehen an sich ihr Wesen sei, als ob sie noch nicht an das Bleiben sich hätten gewöhnen können.

In der Arenakapelle vor den Fresken des Giotto: man sagt, bei Giotto sei zum ersten Mal in den Gestalten der heiligen Geschichte das bürgerliche Leben in Florenz zu merken. Ja, – aber die Gestalten der heiligen Geschichte fallen nicht ins Bürgerliche herab, sondern umgekehrt, das Bürgerliche wird ins Heilige heraufgeholt, es wird dort gesichert. Das Untere ist nicht als Selbstzweck da, es wird dem Oberen gebracht, das Irdische wird dem Jenseitigen hingehalten: das Obere braucht nicht mehr zum Unteren herabzusteigen.

Jetzt bewege ich mich wieder mit den vielen Menschen auf der Straße. Einen Irrsinnigen sehe ich: mit einem Fahrrad, einen halben Mantel um sich gewickelt und einen Frauenhut auf dem Kopf, lehnt er an einer Wand. Die Irrsinnigen sind in Italien, wie sonst in Europa, in den Irrenhäusern zusammengehalten, aber die Gemeinschaft der Menschen hat hier die Weite und die Ordnung in der Weite, daß sie auch ein paar Irrsinnige zwischen sich haben kann, ohne daß sie dadurch gestört wird.

Vor einigen Tagen hatte ich in einem Dorf bei Brescia, während der Messe, mitten unter den Männern einen

Schwachsinnigen gesehen, der plötzlich mit dem Meßbuch auf den Kopf eines Knaben hinter sich schlug, – niemand schaute dort hin, wo der Schlag gefallen war, und nicht, weil die Menschen in der Tiefe der heiligen Handlung nichts hörten, sondern weil der Schwachsinnige zum Ganzen, zum Ganzen des Dorfes gehörte, als Ganzes wurde das Dorf vor Gott gebracht.

Vielleicht können die Menschen nur darum im Maß und in der Vernunft sein, weil einige es haben auf sich nehmen müssen, das Unvernünftige und Maßlose bei sich zu haben, – haben sie es übernehmen müssen für die anderen? Sicher sind die Irrsinnigen auf eine geheimnisvolle Weise rechtmäßige Teile der Menschenordnung und keine unnützen Ausscheidungen von ihr. Nie ist soviel Irrsinniges getan worden als zu der Zeit, da der Nazismus die Irren wegnahm und vernichtete. Es ist notwendig, die Irrsinnigen in einer Anstalt zu verwahren, aber auf dieser Basis darf die Beziehung zu ihnen nicht erledigt sein.

Oft ist hinter dem Irrsinn eine Schuld des Menschen, eine Sünde, die wiederum mit der Sünde aller Menschen zusammenhängt. Durch die Sünde zerstört der Mensch die Ordnung der Welt und damit sich selbst, er stellt sich außerhalb der Ordnung der Welt, er negiert sich dadurch selbst, er ist außerhalb des Geistes, der die Weltordnung darstellt: er wird arational, irrsinnig. In der Schuld wundert sich der Mensch, daß die Welt noch weitergeht, – im Irrsinn geht sie nicht mehr weiter.

Wieder vor dem Palazzo della Ragione, dem alten Gerichtsgebäude: so mächtig ist die Gegenwart des Baues, – ich vergesse, daß ich früher schon oft vor ihm stand, ich bin wie zum ersten Mal vor diesem Bau. Immer wieder sehe ich das Urtierhafte dieses Gebäudes. Die Menschen, die vorbei gehen, die Gemüsestände ringsum, alles scheint zu diesem Urtier zu gehören, wie mit einem großen Tier andere kleine Geschöpfe symbiotisch zusammen sind. Selbst die Häuser in der Nähe erscheinen erbaut aus dem Steinleib des Kolosses.

Drei Bogengalerien, übereinander, gehen an seinem Leib hoch, sie sind wie eine breite Leiter an ihn gelehnt, ein Weg hinauf zu ihm, auf seinen Rücken; so hoch ist das Tier: man vergißt unterwegs im Steigen, daß man sich auf einem Bau bewegt, es ist wie der Weg hinauf an einem Berg.

Die Kirche S. Antonio: von außen ist sie unförmig, die sieben Kuppeln, die am Dach herauskommen, sind wie die Kuppeln von sieben ineinander geschobenen Kirchen, es ist wie ein Bau, der mit sich selber nicht fertig wird, der von sich selber belagert wird.

Innen: unbeweglich ist das mächtige Schiff in der Mitte, aber die vielen Kapellen, die rechts und links die Seitenschiffe ausbuchten, drängen heftig nach außen, sie sind wie viele Tore in die Welt.

Die Menschen in der Kirche, – sie merken gar nicht, wie sie hineinkamen, sie wurden hineingesogen, es ist, als würden sie das Kreuz nicht durch einen besonderen Akt machen, sondern als führen die Menschen nur den Linien des Kreuzes in der Luft nach. Die religiöse Substanz ist hier nicht nur im Subjekt, sie ist auch noch wie außerhalb des Menschen, objekthaft, und ordnet alles. Ein Priester predigte, er sah aus wie ein französischer Abbé des 18. Jahrhunderts, elegant, er machte zu seinen

Worten barocke Gesten und er gab sich hier und da selber Beifall durch ein freundliches Lächeln, – das alles sah ich erst einige Tage später, dort in der Kirche verschwand das Absonderliche im Ganzen der objektiven religiösen Substanz.

Sonst sucht heute die Kirche, den Menschen zu sich zu ziehen, sie strebt zu ihm hin. Das soll sie auch. Aber würde sie nicht mehr Menschen um sich haben, wenn sie nichts wäre als Kirche, betende Kirche? Das ganz und gar Andere, das die Kirche gegenüber der Welt ist, würde dann deutlicher, intensiver, die Kirche bräuchte nicht die Menschen zu suchen, sie würde von ihnen gesucht, die Menschen würden hingesogen zu ihr.

23. Juni

Dem Brentakanal entlang von Padua bis Fusina: Links und rechts vom Kanal sind die alten Schlösser und die alten Sommerhäuser der Venetianer, eines erscheint nach dem anderen. Der gerade Kanal ist wie ein Zauberstab: indem er sich langsam vorwärts bewegt, läßt er links und rechts die Schlösser und Sommervillen aus der Erde aufspringen.

Sie sind ein wenig verfallen, weniger durch die Zeit, eher weil sie aufgebraucht sind durch das, was in ihnen geschah, es sind Häuser, die teilzunehmen vermögen an der Geschichte der Bewohner.

Ein Schiff mit rostbraunen Segeln erscheint bei Mira Taglio auf dem Kanal, – auf einmal ist der Zauberstab zerbrochen von einem anderen, stärkeren Zauberer: nur das Schiff mit den rostbraunen Segeln ist jetzt da, die

Schlösser und Villen sind unwirklich geworden, wie aus der Ferne hingeworfen von einem Projektionsapparat.

Vom Ende des Brentakanals, von Fusina, mit dem Schiff nachts nach Venedig: der Himmel hatte sich tief herunter gesenkt, das Schiff fuhr sehr rasch, wie weggestoßen vom Meer, aber immer drückte es sich wieder hinab zum Meer. Der Mond ging groß und ganz rund auf am Horizont, er stand am Himmel wie ein leuchtendes Tor. Ein Hügel hinten schien zu wachsen, er wurde wie herausgesogen vom Mond, aber er hielt sich fest an den anderen Hügel neben ihm. Der Mond schob sich höher, er war allein, ein rötliches rundes Tor, in das sich nichts hineinbegeben wollte. Er stand jetzt am Himmel als der Einsame, kaum mehr sehr bewegend, und das rötliche Licht fiel aus ihm heraus, überallhin.

Wir waren jetzt vor Venedig. Von überallher kamen Lichter auf uns zu, und als wir näher dem Ufer waren, sahen wir, daß die Lichter an der Quaistraße wie Flüsse ins Meer hineinströmten, Lichtströme bewegten sich vom Ufer ins Wasser.

26. Juni

Es ist eine gefüllte Stadt, die Fassaden der Kirchen und Paläste sind nicht nur wie vorn hingestellt und dann verlassen, es ist nicht wie bei der modernen Architektur, wo man meint, hinter der Fassade, hinter ihrer dünnen Zementwand, sei nichts mehr oder nur eine andere dünne Reserve-Zementwand, – hier bei diesen Kirchen und Palästen ist die Fassade wie ein großes Gesicht, ein herrenhaftes, das die Fähigkeit hätte, den Körper zu erzeugen, wenn er nicht da wäre; formend, zeugend, mit ihrem Wesen, das, was hinter ihr ist, durchdringend, so sind diese Fassaden.

Mir kam das Gegenbeispiel in die Erinnerung, das Verwaltungsgebäude der I. G. Farbenindustrie in Frankfurt am Main: es stand da wie eine ungeheure Schnellzugslokomotive, die schnaubte und stieß, zum Abfahren bereit, – aber es war nichts dahinter zum Ziehen, es schnaubte und zog die Leere hinter sich her.

In der Accademia di Belle Arti, der Gemäldegalerie: Die Menschen gehen scheu in den Sälen umher, scheu schauen sie auf die Bilder. Das ist wichtiger, als die Bilder zu verstehen, ja wichtiger als die Bilder selber. Kommen die Menschen in diese Säle wegen der Scheu, suchen sie hier die Scheu, die in der Welt nicht mehr ist? Draußen braucht nicht einmal mehr ein Ding rasch, ohne Scheu, ergriffen zu werden, es wird vor einen hingeworfen, so daß der Mensch es schon hat, bevor er es besitzen wollte. Hier aber spürt der Mensch eine Distanz zwischen sich und den Bildern, die Scheu ist wieder in einem, man hat die Scheu und sich selber wieder.

Ich erinnerte mich an meinen Schulkameraden Lorenz W. Er stand vorn an der großen Schultafel und mußte die Rechnungen an die Tafel schreiben, die andere Schüler mündlich gelöst hatten, auf der Tafel sollten sie noch deutlich einmal vor einem sein. Neben der Tafel war ein großer Kachelofen, er war überheizt, eine dicke heiße Luft kam vom Ofen her zu Lorenz und hüllte ihn so ein, daß er fast nicht atmen konnte. Er spürte, wie der Kopf rot wurde und der Mund trocken, er hörte die Aufgaben ganz von ferne, die Hand zum Schreiben brachte er noch bis an die Tafel, aber die Zahlen konnte er nicht mehr hindrücken, er fiel um. Der Lehrer fragte ihn, ob es ihm schlecht sei. »Nein«, sagte Lorenz, sonst sagte er nichts, er hatte Scheu, vom heißen Ofen zu reden. Lorenz W. wurde ein Dichter, die Scheu blieb bei ihm, mit dieser Scheu ging er nie rasch auf ein Ding zu, sondern langsam um es herum, darum sah er es ganz.

Giovanni Bellini: die Figuren dehnen sich aus, sie wachsen, die Welt selbst nimmt zu, – bei der abstrakten Malerei von heute spüre ich, wie die Dinge hineingesogen werden in das Bild und in ihm verschwinden, die Welt nimmt ab durch diese Malerei.

La Bottega dello Speziale, der Apothekerladen von Pietro Longhi: das Zittern der Farben bei ihm und bei Francesco Guardi weist hin auf das Brüchige des Menschen und auf seinen Tod, es ist das Zittern vor der Auflösung, die Angst davor. Der Impressionismus nimmt die Auflösung als etwas Selbstverständliches hin, eine bereits aufgelöste Welt wird durch die Auflösung der Farben und Linien im Bilde bestätigt.

Fast so, wie sie auf diesem Bilde ist, sah ich in einem kleinen Orte am Lago Maggiore eine Apotheke. Der alte Apotheker saß an einem Tischchen bei der Türe und schrieb eine Etikette für eine Arzneiflasche, langsam, fast bei jedem Wort, das er auf das Papier hingesetzt hatte, sich zurücklehnend und es aus der Ferne noch einmal betrachtend. Der Zwicker rutschte ein wenig herunter bei der Prüfung, der Blick fiel einen Augenblick über den Hornzwicker hinweg auf mich, dann wieder auf die Buchstaben, der Blick war ihm ausgerutscht. In der Türöffnung saß des Apothekers Frau, sie häkelte an einem grauweißlichen Stück von der gleichen Farbe wie die Wollmantille, die sie um Rücken und Brust trug, wochenlang sah ich sie an diesem Stück häkeln. Der Apotheker, die Frau, die alten, blauen Arzneigefäße auf den Schäften, die Leute, die mehr zum Plaudern als zum Kaufen in die Apotheke kamen, das war wie eine Apotheke des 18. Jahrhunderts.

Sind die einzelnen Epochen, die Renaissance, das Rokoko überhaupt nicht gestorben, versenkten sie sich nur? Gehen sie unterirdisch weiter, und taucht so ein Stückchen des Rokoko auf einmal wieder auf, heute, in dieser Apotheke zu Portovaltravaglia, ein Leben des Apothekers und vielleicht noch das seines Sohnes lang, verschwindet dann wieder, taucht noch ein paar Mal auf irgendwo und bleibt dann ruhig in der Tiefe, bis es am Ende der Zeiten mit allen Epochen zusammen aufgerufen wird, zum letzten Mal zu erscheinen?

27. Juni

Von Venedig gegen den Lido fahrend: eine Wolke war am Himmel, ein wenig gesenkt unter ihm, sie sah aus wie eine Insel, dunkel wie der Boden der Erde, aber gelockert und schwebend, – ein Schiff mit weißen Segeln fuhr über das Wasser, das war wie eine helle Wolke des Himmels auf der Erde.

Am Lido: Ich ging entlang dem Meer am Ufer, weit hinaus. Die Erde, auf der ich ging, war wie Strandgut des Meeres, auf die Seite geworfen. Es begann die Dämmerung. In der Ferne, am Horizont, war es, als ob das Meer in den Himmel münde, und je näher die Nacht kam, desto heftiger wendete es sich dorthin.

28. Juni

Vieles ist auf dem Platze bei der Scuola di San Rocco, außer ihr noch die Kirche San Rocco und nicht weit davon die Frari-Kirche. Der Platz ist eng durch das Viele, aber von den Fassaden der Bauten rings um den Platz, vom Marmor, geht ein Schimmern aus, das den Platz weiter macht. Würde der Platz versinken unter die Erde, so wäre er dort nicht im Finstern begraben, das Licht, das im Marmor ist, würde zu einer Sonne unter der Erde gesammelt.

Ich gehe gegen den Bahnhof und dort in der Nähe zu den beiden Synagogen, sie sind wie zwei Schiffe, unter denen das Meer sich gesenkt hat, eine Tafel ist außen an der Wand von einer der Synagogen, daß zweihundert venetianische Juden, achttausend italienische und sechs Millionen Juden der ganzen Erde von den Nationalsozialisten vernichtet worden sind, die Buchstaben und Zahlen sind tief in den weißen Marmor eingegraben, als ob sie durch die Wand hindurch in das Innere der Synagoge hineindringen sollten.

Vor einem offenen Fenster in einem Hause in dieser Straße sitzt eine Frau, ihre Augen sehen mich nicht, sie schauen einwärts, traurig, sie decken sich selber zu mit diesem Blick nach innen, damit niemand sie ansehe.

Ich lese die Zeitung in einem kleinen Café am Campo San Bartolomeo: wie ein Wartesaal einer kleinen Eisenbahnstation ist solch ein Café, die Menschen reden und reden, plötzlich wird es einen Augenblick still, als ob sie auf einen warten, der die Türe öffne und sie wegrufe.

Zwei Menschen gehen über das Brückchen eines kleinen Kanals, das Brückchen ist wie eben aufgetaucht unter die Füße der beiden Menschen, sie werden mitgehoben, es ist, als ob sie durch die Luft weitergehen könnten, wenn das Brückchen unter ihren Füßen wieder verschwände.

Im Museo Correr: die Primitiven mit dem Gold im Hintergrund, – es ist, als sei der Goldgrund aller Bilder miteinander verbunden, von Bild zu Bild, von Museum zu Museum, von einer Kirche zur anderen, als bestünde eine geheime Verbindung zwischen allen, aller Goldgrund gehört zueinander.

Carpaccio, die zwei Kurtisanen: eine große Verlassenheit ist um die zwei Frauen, sie fließt aus ihren Augen wie aus zwei Öffnungen langsam in den Raum, der Raum ist voll von ihr. Die Tauben, der Pfau, das Hündchen, alles kann im nächsten Augenblick verschwinden, aufgelöst sein in der Verlassenheit. »Sie sind von jeglichem Geist verlassen, selbst vom bösen« (Hausenstein, Carpaccio). Der Balkon, auf dem sie sitzen, hängt nicht an einem Haus, sondern in der Leere, wie manchmal an einem zerbombten Haus ein Balkon seitwärts in die Luft hinausragt. Sie sind die letzten, wie auf dem übriggebliebenen Teil eines abgebrochenen Schiffes sitzen geblieben, alle andern Menschen sind schon fortgegangen, abgeholt irgendwohin, sie allein warten noch auf den Abruf.

Die Umrisse der beiden Frauen sind wie zwei Tore zu einer noch größeren Verlassenheit, die hinter den Toren ist. Aber das Bild der menschlichen Gestalt liegt darüber, das Tor wird dadurch geschlossen: die Magie des menschlichen Ebenbildes hält diese Verlassenheit in der Tiefe zurück, sie kann nicht herausbrechen, der Raum der Welt ist geschützt vor ihrem Übermaß. Betrübend und tröstlich zugleich sind die zwei Frauen.

30. Juni

Fahrt nach der Insel Torcello: der Himmel scheint zu wachsen von dort her, wo das Meer ihn am Horizont berührt, es mündet mit seiner Weite in die Weite des Himmels.

Die Insel ist einsam. Von der kleinen Landungsbrücke geht man auf einem Fußweg weiter, er liegt hart da, als wäre er mit Mühe in die Einsamkeit hineingeschlagen. Von der Stadt Torcello, die einst größer war als Venedig, sind nur noch zwei Kirchen geblieben, S. Maria Assunta aus dem siebenten und S. Fosca aus dem zwölften Jahrhundert.

Kommt die Einsamkeit in Torcello daher, daß die Menschen und Häuser zu frühe vernichtet wurden und daß sie so den Tagen fehlten, die folgten? Jeder Tag ward leer, da die Vernichteten nicht in ihm waren, und jeder folgende Tag, je weiter er entfernt war von der Vernichtung, war noch leerer und einsamer. Der Freund sagte: »Wenn ein geliebter Mensch einem stirbt, – jeder Tag, der seit seinem Tode vergangen ist, wird leer, weil der geliebte Mensch nicht mehr in ihm ist, und jeder Tag bringt seine eigene Leere und die der vorhergegangenen Tage dem nächsten, so daß am Ende eines Jahres die Leere immer größer ist, die Leere und die Einsamkeit. Ich begreife nicht, wie die Zeit den Schmerz zudecken, lindern kann.«

S. Maria Assunta und S. Fosca, – wie ein Grabmal sind sie über den vielen Kirchen, die unter ihnen versunken sind. S. Fosca mit der runden Kuppel ist wie der Eingang hinab in die Tiefe der Erde, wo das Versunkene ist.

Teiche sind neben der Kirche S. Maria Assunta, leer erscheint ihre Fläche, als sei etwas weggenommen worden von ihr. Hier auf dieser Insel erscheint alles wie beraubt, arm gemacht, wie ein Rest von irgend etwas, oder wie eine Decke über etwas, das begraben ist.

Selbst das Gras daneben ist zusammengedrückt, dem Boden mehr zugewendet als aufrecht.

Ein paar Kinder springen auf dem Gras herum, sie allein sind nicht wie Übriggebliebene. Wo zwei oder drei Kinder springen, da ist es, als wären die drei wie zehn, immer scheinen *alle* Kinder dort zu sein, wo auch nur ein paar sind, drei ist gleich zehn oder zwanzig und alle, hier gilt nicht das Gesetz des Addition, sondern der Zauber, – die Einsamkeit ist weggezaubert.

Innen in S. Maria Assunta: der Raum ist wie eben aus der Tiefe hier angelangt, bereit, wieder in die Tiefe zu sinken. Ein Mann und zwei Frauen stehen in der Nähe des Portals und schauen schräg hinein in die Kirche, sie gehen ein wenig auf und ab, bleiben wieder stehen und schielen nochmals in die Kirche, sie sind wie Menschen, die an das Lager eines Sterbenden gekommen sind und, ein wenig gelangweilt, auf seinen Tod warten.

Vom Schiff aus, mit dem ich nach Venedig zurückfahre, schaue ich auf Torcello hin: die Insel ist wie ausgesetzt von der übrigen großen Erde, ausgesetzt und sich überlassen, es ist ein Stück Erde, das selbst nicht mehr sein will, das sich selbst vernichtet.

Auf der Rückfahrt in Burano: die Straßen und der Platz sind voller Kinder, wie in Südfrankreich auf manchen Feldern die Weintrauben ohne Rebhölzer und Steinstangen dicht am Boden sich drängen; wie Früchte der Erde, die unmittelbar aus der Erde kommen, so ist der Boden hier voller Kinder. Sie schreien, die Luft war voll von ihrem Geschrei, es war, als ob der Raum über den Kindern selber mitschreien würde. Die Häuser und die erwachsenen Menschen darin sind wie weggeschoben von den Kindern, Frauen sind in den Läden, Kinder springen hinein und wieder hinaus, die Frauen sind für sich und die Kinder sind für sich. Männer sah ich nur ein paar, wie Überbleibsel von irgend etwas, das es hier auf der Insel eigentlich nicht mehr gab.

Jetzt fahren wir gegen Venedig, Meer und Land schienen ineinander geschoben, ineinander verwirrt, aber das Schiff fand leicht den Weg zwischen ihnen hindurch, und Meer und Land waren durch das Schiff wie von neuem voneinander geschieden.

2. Juli

In einem kleinen Café an der Piazza Manin: die kleinen Tische an der Wand stehen wie am Rand eines Abgrundes, die Wand ist die Grenze, ein älterer Mann hält sich an seinem Tischchen fest, als spüre er den Abgrund dahinter. Im Gesicht der Frau daneben ist das Alter wie von jeher darin gewesen, wie mit einem Prägestempel eingedrückt ist das Alter in ihm, nichts hat mehr Platz in dem Gesicht, nicht einmal der Tod.

Ein kleines Mädchen geht zu einem Tischchen und holt ein Stück Kuchen vom Teller: es allein ist jetzt da, der alte Mann, die alte Frau, der Abgrund erscheinen nicht mehr wirklich, sondern wie durch das Kind nur von einem Abziehbild abgezogen, wegnehmbar.

Am Abend beim Conte R. Ein Franzose sei gestern bei ihm gewesen, ein Fremder, er wolle den Palazzo kaufen, wenn es möglich sei. Der Conte R.: »Dieser Palazzo ist nicht zu verkaufen, aber wenn er verkäuflich wäre, so würde ich ihn kaufen.«

Ein alter Engländer ist auch da, sein Gesicht fängt an zu lächeln, ohne daß er es merkt, allmählich lächelt es in seinem ganzen Gesicht, ich sehe, wie im Gesicht sich seine Jugend herauflächelt, die darin zugedeckt gewesen war.

Nachher im Café Quadri: ein Mann kam herein, ein Spiegelmensch, er wußte in jedem Augenblick, wie er im Spiegel aussehe, immer hatte er den Spiegel imaginär um sich, das Gesicht war wie vom Spiegel her projiziert, wie vom Spiegel gemacht. Wenn man ihm eine Ohrfeige gäbe, so würde es nicht im Gesicht klatschen, sondern der Spiegel würde zerbrechen.

Solch ein Spiegelmensch ist wahrscheinlich nur heute möglich. Es ist der Mensch, der sich nicht von oben angeschaut weiß und der sich darum selber anschaut. Mit der vollständigen Autonomie, die der Mensch usurpiert hat, hat er auch den Blick Gottes auf die Menschen usurpiert. Das gibt dem Spiegelgesicht von heute die größte Einsamkeit, daß es sich nur von sich selber angeschaut weiß.

Der Mensch, der nicht durch den Spiegel lebt, sieht sein Bild auch: im anderen Menschen, der andere, das ist sein Spiegel, darum will er die Nähe des anderen. Der Spiegelmensch hört beim Spiegel auf.

4. Juli

Es kommt mir vor, als hätte ich das Fluchtartige der Stadt noch nie so deutlich gesehen wie heute. Die Menschen streifen vorbei, mißbraucht von irgendwem für irgend etwas, wie ein Maschinenteil, der tangential den anderen Teil einer Maschinerie berührt. Die Flucht geschieht gar nicht mehr auf dem Boden der Erde, es ist, als sei dem Menschen etwas anderes unter die Füße geschoben.

Die Fenster der Häuser sind nur noch Löcher, ausgebrochen aus der Häuserwand, um daraus zu entfliehen. Das, was zurückblieb dahinter, ist etwas, das schwer in den Schlaf der Fliehenden hinunterstürzt und ihn auseinanderbricht.

An einem freien Platz, wo die Bomben die Häuser weggerissen hatten, saßen neben einem Schutthaufen zwei Liebende nebeneinander. Sie schauten einander an, als ob sie zum ersten Mal erführen, daß sie Augen hätten, ihre Augen streiften an mir vorbei, sie konnten mich nicht sehen. Aber sie, die beiden, waren wirklich, ich war im Traum und am Rande meines Traumes waren die Liebenden.

Die beiden Liebenden am Boden neben dem Schutthaufen: es war etwas Archaisches, ausgegraben aus der Erde neben ihnen. Der Platz, auf dem sie saßen, war nahe der viel begangenen Straße, an der die Brera liegt, aber niemand ging hier vorüber. Sie, die Liebenden, kamen aus einer so tiefen Schicht herauf, daß die Tiefe die

Kraft hatte, sie auch oben auf der Erde zu isolieren und keine anderen Menschen zu ihnen hinzulassen, sie waren oben, aber durch die Tiefe, aus der sie kamen, geborgen für sich.

In S. Ambrogio: der Raum scheint abwärts sich zu senken in die Tiefe der Erde. Mit Licht, das von den Fenstern in ihn fällt, ist er gefüllt, abwärts in die Tiefe es zu bringen, und immer fällt Licht von oben nach.

R. R. erwartet mich vor S. Ambrogio, der Dichter S. habe sich das Leben genommen, er habe es nicht ertragen, daß er die Gefühle der Personen, die er beschrieb, wohl darstellen, aber nicht selber empfinden konnte.

Als ob der Dichter für seine eigene Person dichte, der wirkliche Dichter! Der Dichter dichtet nicht von seiner Person aus, sondern von den Bildern, von der Welt der Bilder aus. Es gibt eine Welt der Bilder, in der alle Dinge der Erde noch einmal vorhanden sind: als Bilder. In den Bildern sind die Dinge geborgen, in ihnen ist der Sinn und das Maß der Dinge. Darum haben die Dinge auch eine Sehnsucht, in die Welt der Bilder zu kommen.

Das Materienhafte der Dinge wird gelockert, schwebend gemacht durch die Bilder, die Dinge werden durchsichtig. Die Materie eines Dinges vermag nicht hemmungslos zu wirken, wenn das Wesen des Dinges neben ihm auch noch im Bilde ist: vom Bild geht eine magische Wirkung auf das Ding aus (Gaston Bachelard: »des images qui dépassent la réalité, qui *chantent* la réalité«).

Weil die Bilder da sind, drücken die Dinge weniger schwer auf die Erde, die Erde wird leichter gemacht durch die Bilder, sie wird weniger von den Dingen okkupiert. Schwebend geworden im Bilde, wenden sich die Dinge zurück zum Schöpfer, der selber den Menschen nach seinem Ebenbilde schuf. Im Bilde, schwebend, heben sich die Dinge weg von der Erde, es ist wie die erste Bewegung hin zum Tode. Der Mensch, umgeben von den sich hinweg hebenden Bildern, wird abgewendet von der Erde. Deshalb ist er nicht weniger deutlich auf ihr, im Gegenteil: er hat so den Tod, der zu seinem Wesen gehört, bei sich.

Die Welt der Bilder ist objekthaft da, fast unabhängig vom Subjekt des Dichters, der sie den Menschen bringt, das Subjekt ist nur so darin, wie auf dem Bilde eines alten Meisters sein Monogramm in einer Bildecke. So objektiv ist diese Welt der Bilder da, daß die Bilder nicht von den Erlebnissen des Dichters bestimmt werden, sondern die Erlebnisse von den Bildern, nach ihnen richten sich die Erlebnisse des wirklichen Dichters. Die Bilder sind es, die Verwirklichung suchen in den Erlebnissen des Dichters, sie wollen, indem sie sich verwirklichen, beim Menschen sein.

Zum ersten Mal wußte ich, daß es eine Welt der Bilder gebe, als ich Stifters Witiko las. Ich schrieb mir damals auf: Stifter ist ein ganz großer Dichter, einer von denen, wo ich spüre: die Dichtung war zuerst auf der Erde und erst nachher kam der Mensch.

5. Juli

Castello Sforzesco, die Burg von Mailand: die Architektur heute mißt dem Menschen den Raum zu, wie die Physiologie ihm die Kalorien und die Vitamine zumißt. Hier in diesem Kastell, und überhaupt noch in den Bauten bis zum Anfang des 19. Jahrhunderts, hat der Raum eine eigene Existenz, fast unabhängig davon, daß ein Mensch in ihm wohnt. Der Raum wird nicht reduziert auf das Nützliche, es wird ihm ein Dasein für sich gegönnt. Das ist wichtig für den Menschen, denn er trifft so in seinem Hause auf etwas, das eine Welt für sich ist: die Welt des Menschen trifft auf die Welt des Raumes. So welthaft ist der Raum hier im Castello Sforzesco: als ob man, wie man von einem Dorf zum andern wandert, so immer weiter durch die Säle gehen könne, und nicht dies erscheint als das Wichtige, daß sie sich zu einem Ganzen verbinden – das geschieht wie nebenbei –, sondern daß immer ein Saal auf den andern folgt, nie aufhörend, wie die Welt nicht aufhört. Die Säle gehen zueinander hin, sie spazieren in sich, eine wunderbare Freiheit ist ihnen gegeben. Wenn der Mensch in den Raum hineintritt, so *geschieht* etwas, ein Akt vollzieht sich, es ist nicht, wie bei einem auf den puren Zweck hin rationierten Bau, daß der Raum dem Menschen schon zugeworfen ist, bevor er in ihm sich befindet, hier findet eine Bewegung statt zwischen Mensch und Raum. Die Grenze zwischen zwei Welten muß durchbrochen werden, damit der Mensch den Raum besitzt.

Man geht durch die Säle, immer sind noch Säle, wie immer noch Feld ist, wenn man durch die Felder geht. Manchmal, wenn man durch ein Dorf wandert, kommt zuerst *ein* Kind zu einem, dann noch eines, dann ein paar, dann viele, und beim Ausgang des Dorfes hat man einen ganzen Kreis von Kindern um sich: mit einer solchen Reihe von Sälen kommt man am Ausgang des Castello Sforzesco an.

Vor Bildern des 13. und 14. Jahrhunderts im Castello Sforzesco: es ist falsch zu meinen, daß diese Maler Kunst schaffen wollten. Sondern: die heiligen Geschichten standen vor den Menschen ganz und gar in der Fülle da, bis zum Rande gefüllt, daß die Fülle von selbst übersprang aus dem *Da*-Sein in die Kunst. Die Kunst war nicht etwas anderes als das heilige Sein, sondern sein Überfluß, das Sein floß über in die Kunst, es suchte sich einen neuen Raum in der Kunst. Und so betete man in den Kirchen vor diesen Bildern: es war der Überfluß des heiligen Seins, vor dem man betete.

Eine romanische Plastik, Austreibung des Dämons durch Christus: in dieser romanischen Figur ist nicht nur der Augenblick darin, in dem sie Gestalt wurde, es ist ihr auch noch die Zeit mitgegeben, in der sie *dauern* kann.

Bildnis des Baldassare d'Este eines unbekannten Meisters: es ist das Gesicht eines Herrschenden, aber der Mächtigkeit des herrschenden Gesichtes entspricht außerhalb von ihm die Mächtigkeit der zu beherrschenden Dinge. Durch diese Entsprechung bekommt das Herrschende Grenze und Maß. Dem Machtgewicht von heute fehlt die Entsprechung, es hat überhaupt keine Beziehung zur Konkretheit eines Dinges, darum stößt es über sich selbst hinaus, maßlos; es wird böse, es versucht, sich um das Böse zu zentrieren, da ihm die unmittelbare Beziehung zu den Dingen fehlt, durch die, indem es sie ordnet, es selber geordnet würde.

Für alles, was dem Menschen innerlich begegnet, muß eine Entsprechung vorhanden sein in der objektiven Welt. Nur dann wird das subjektive Erlebnis gehalten, nur dann ist es da. Die objektive Welt, mit der der Mensch verbunden ist, verhindert auch, daß überhaupt alles durch das Subjekt aufgenommen wird, sie saugt von selber vieles auf, ehe es an das Subjekt gelangen kann. Die Erlebnisse werden gesiebt.

Nachts in Pavia: aller Raum will in die Nacht hinein vergehen. Aber hier an diesem Platz der Stadt, an der Piazza della Vittoria, haben die Lichter den Raum umstellt, sie lassen ihn nicht los.

Ich gehe zu Fuß über den Corso Vittorio Emanuele hinaus, ich gehe lange im Dunkeln weiter, in der Ferne fangen langsam zwei Lichter an zu brennen in der Nacht: es ist, als ob die Nacht sich die Augen ausreibe, um zu sehen, wo sie ist.

GENUA

5. Juli, nachts

Die Erde sinkt immer tiefer durch die auf sie drükkende Nacht. Aber Lichter sind überall hingestreut, die Erde wieder heraufzulocken. Am Wasser senken sich die Lichter tief hinab, wie leuchtende Seile hängen sie, die versunkene Erde heraufzuziehen.

6. Juli

Am Morgen auf dem Righi ob Genua: viel ist vor mir auf einem engen Raum zusammengedrängt, – Hügel, Berge, ein Tal mit einem Fluß rechts unten und die Ebene am Ende des Tals, alles ist nahe beieinander, wie vor dem Tode oft einem die ganze gelebte Wirklichkeit zusammengedrängt noch einmal erscheint. Das Meer hält sich abseits, es strebt weg vom Ufer, etwas Verzweifeltes ist in ihm, als ob es nicht an dem Ende teilhaben wolle.

Am Hafen entlanggehend: viele Menschen bewegen sich durch die Bogengänge unter den Häusern, sie hören nicht auf, sich zu bewegen, sie sind nicht wie Menschen, die aus Häusern kommen und in Häuser gehen, sie scheinen immer unterwegs zu sein unter den Bögen.

Die Läden unter den Bogengängen sind voller Brote, Käse, Würste, Fleisch. Es sind lauter schmale Läden, einer neben dem anderen, wie gefüllte Schubladen, geöffnete gefüllte Schubladen sind sie, so sehr voll von den Dingen, daß man meint, Brot, Käse, Würste würden nicht gemacht, sondern wüchsen dicht auf dem Boden der Erde und würden so vom Boden aufgehoben und in den Körben gesammelt.

Ein Schiff ist im Hafen, nahe am Ufer. An seiner scharf geschnittenen Form spürt man noch den Ruck, den der Mensch sich gab, als er beschloß, von der Erde weg sich aufs Meer zu wagen.

Viele böse Gesichter sieht man, aber sie sind nicht isoliert-böse, nicht abgetrennt von den anderen, sie setzen die guten Gesichter voraus, wie die mittelalterlichen Märtyrerbilder die Bilder der Verklärung voraussetzen oder wie die Bilder der Verdammten die Bilder der Seligen.

Der Barockbau der Universität und die anderen Barockbauten in der via Balbi: nie stört mich das Ornamentale des Barock, ich spüre die Mitte, um die es schweift; im Barock ist ein Zentrum da, das durch seine Macht auch das festhält, was von ihm schweifend entfernt ist.

Nachts: die Lichter allein herrschen jetzt, nur sie, die Menschen leben wie in einer Schicht unter ihnen, die Lichter scheinen für sich zu sein, wie Wesen für sich schweben sie herum.

7. Juli

Der Dom, das Baptisterium, der Campanile sind am Rande der Stadt, wie verbannt, ausgesetzt, aber wie das ausgesetzte Kind in der Sage zu einem mächtigen Leben aufwuchs, so wurde auch hier das Ausgesetzte mächtig: Der Dom scheint noch jetzt zu wachsen.

Nachts sah ich im Mondlicht den Domplatz wieder. Das Baptisterium war selbst wie ein Gestirn und die Säulenbogen rings herum waren wie Stücke seiner Bahn.

Nachmittags im Museum: manche Bilder sagen einem nichts im Museum, aber hingen sie in der Kirche, so würden sie reden.

Vor den Goldgrundbildern des 13. und 14. Jahrhunderts: die Heiligen stehen hier vereinsamt, Gold wächst über sie, indes sie warten, und fängt an, sie zuzudecken. Gold wächst über sie, wie Gras über etwas wächst, das nicht mehr geachtet wird.

Ein junges Mädchen saß auf einem Stuhl vor einem Bilde. An ihr vorbeigehend, wurde ich gestreift vom Blick ihres Auges wie vom Glanz einer Schlangenhaut. Sonst war nichts Schlangenhaftes mehr an dem Mädchen. Der Schlangenglanz war schon matt, und indem das Mädchen schaute, schien er matter zu werden. Die Schlange war fort und hatte nur den matten Glanz der abgestreiften Haut zurückgelassen. Die Schlange war von dem Mädchen überwunden.

Mein Freund B. kam mir in die Erinnerung. In seinem

Gesicht war immer noch das Fuchsartige, er hatte sich auch vor vielen Jahren fuchsartig herumgetrieben. Der Fuchs also war noch da im Gesicht, aber er war zurückgeworfen, gefangen lag er hinten in den Höhlen des Gesichts, er hätte ganz vertrieben werden können, aber es war besser, ihn gefangen bei sich zu haben.

Vor einer alten Handschrift mit farbigen Miniaturen: es ist etwas von der Symbolkraft der chinesischen Schrift in diesen Buchstaben.

8. Juli

Am frühen Morgen auf der Piazza S. Nicola in der Nähe des Arno: der Platz ist von der Kirche S. Nicola und ein paar einfachen Gebäuden umrandet. Er ist wie durch die Gebäude rings herum selber errichtet, als sei die gerade Linie der Gebäude von selbst auseinandergewichen, um einen Raum zwischen sich frei zu lassen: der Platz ist wie ohne den Menschen entstanden, das Tun des Menschen ist ganz im Objektiven aufgegangen, – das ist beglückend.

Die Morgendämmerung kommt näher. Eine lange Reihe von Lichtern ist noch am Quai des Arno, die Lichter sind aufgestellt, wie um fortzuwandern, es ist wie ein Auszug in der Morgendämmerung. Die Reihe der Häuser am Quai scheint den Lichtern zu folgen, sie werden nachgezogen. Die Wolken sind den Lichtern und den Häusern schon voraus. Ein Stern steht tief unten am Himmel, er ist wie zurückgeworfen.

8. Juli

In Hunderten von Hügeln erhebt sich der Boden der Erde, immer näher ringen sich die Hügel um die Stadt herum, sie ist belagert von ihnen, die Stadt selbst ist wie eine Festung gegen die heranrückenden Hügel.

Die Menschen in Volterra sind abgetrennt von der Landschaft, selten sieht man einen die Steintreppen hinab gegen die Felder sich bewegen, selten kommt einer herauf von den Feldern, nur ein Auto fährt hie und da auf der Straße, plötzlich ist es vor einem, wie heimlich herangefahren, und wie heimlich geht man auch über die Grenzen der Stadt in das Land auf die Felder.

Ich gehe von der Stadt herab durch das etruskische Tor. Die Erde, auf der ich gehe, die Straße unter dem Tor, ist wie hindurchgepreßt durch die Wölbung, aber als ich durch das Tor gegangen war, stand ich unmittelbar vor dem Himmel, die Straße unter mir sank abwärts, weg von meinen Füßen. Eine solche Macht ging von den Steinklammern seines Bogens aus: es war, als ginge man *im* Bogen des Tores, zwischen ihm, nicht auf dem Boden der Erde.

Ein Kind ging durch das Tor hinauf in die Stadt. Ein dicker Schatten lag auf dem Boden zwischen den Bogen des Tores, das Kind ging auf den Zehenspitzen über den Schatten.

Die Piazza dei Priori, der Hauptplatz, ist rings von alten Palästen eingefaßt, der Platz ist so scharf herausgepreßt, wie ein Siegel liegt er da. Alle Straßen, Häuser der

Stadt bewegen sich zu diesem Platz, aber bei ihm hört die Bewegung auf, der Platz ist die Mitte, das Bleibende.

Es scheint, hier auf dem Platze, alles im Bleiben zu geschehen, das Kaufen und Verkaufen, das Essen und das Reden, man braucht hier nichts zu tun, alles entfaltet sich zu einem hin.

Zwei Männer, ein älterer und ein junger, und eine junge Frau stehen auf dem Platz, ein Knabe und ein Mädchen springen um die drei herum und zwischen ihnen durch, sie suchen einander zu haschen, sie gehören nicht dem jungen Mann und der Frau, aber es ist, als ob es ihre Kinder wären, so sehr ist auf diesem Platz alles, was einem begegnen kann, wie schon immer bei einem gewesen.

Im etruskischen Museum: die etruskischen Menschen auf den Totenurnen scheinen satt, zufrieden, manche auch ein wenig verärgert, kaum einer ist traurig. Hie und da sitzt einer auf seiner Urne wie ein Geiziger auf seinem Eigentum. Haben die Etrusker schon im Leben den Tod immer bei sich gehabt wie jetzt diese Urnen, so daß das Sein im Tode für sie nichts anderes war, als das Sein im Leben? Sie machen den Eindruck von Wartenden, bereit im nächsten Augenblick, ins Leben zurückzukehren, sie sind gar nicht weggekehrt vom Leben, sie sind nur auf die Seite des Todes gegangen, der die andere Seite des Lebens war.

Ich gehe durch die Straßen, langsam, in jeder Straße ist in jedem fünften oder sechsten Haus ein kleines Geschäft mit einem Schaufenster, nicht viel größer als ein Zimmerfenster, auf einem Brettchen liegen ein paar kleine Äpfel, wenige Nüsse, ein Stück Seife, einwärts gegen das Ladeninnere wird es dunkel, man sieht manchmal ein Gesicht, mit dem Dunkel vermischt. Die schmalen, verrunzelten Äpfelchen, die Nüsse auf dem Brett am Fenster haben sich selbst aufgegeben, sie schrumpfen ein, eine Verlassenheit ist in diesen paar Dingen darin, kein Mensch kann so verlassen sein. Das will nicht verkauft, weggenommen werden, das hat nur mit der eigenen Verlassenheit zu tun. Wie eine Nahrung für Geister erschienen mir diese Äpfelchen und die kleinen Bisquits.

Ich gehe die Via Ricciarelli hinunter durch die Porta S. Francesco, an der Straße standen kleine, zweistöckige Häuser, in der Art, wie am Anfang dieses Jahrhunderts nördlich der Alpen die Arbeiterhäuser in den Vorstädten waren. Sie standen vor dem Tor S. Francesco, wie vor der Stadt abgelagert, aufgestapelt. Es war trotzdem kein Gegensatz zwischen der alten Stadt und diesen Häusern. Volterra war nicht wie zum Beispiel S. Gimignano aus der Vergangenheit in die Gegenwart *hineingerissen*, die Stadt war langsam, mit der Schwere ihrer ganzen Zeit, in der Gegenwart angekommen. Es ist auch, als könne man auf den langsam zur Gegenwart ansteigenden Stufen der Zeit wieder zurück in die Vergangenheit hinabgehen, – in S. Gimignano ist ein Sprung nötig.

Ich gehe weiter auf der Straße, das freie Land ist jetzt nahe, die paar Häuser haben Gärten. Vor einem Gartenhag steht ein Zwerg, er hat auf einer Zeitung am Boden einen Haufen Zehn- und Zwanzig-Lirescheine liegen, auch grünliche Fünfziger darunter, er hebt einen Schein nach dem anderen auf, glättet jeden und legt ihn dann in eine Lederbrieftasche. Er hört nicht auf, immer die gleichen Bewegungen zu machen, er ist wie eine Maschine, vor die man Geldscheine wirft, die sie dann hochhebt und an eine andere Stelle legt. Es ist, als sei dieser Mensch einst größer gewesen und nun zu dieser Maschine eingeschrumpft. Ein Hund kam zu dem Zwerg, schnupperte an den Geldscheinen und an der Brieftasche herum, der Zwerg langte in einen Sack, der neben ihm lag, und warf dem Hund ein Stück Brot hin, jetzt fielen fast alle Scheine wieder aus der Brieftasche.

Nachts im Traume sah ich den Zwerg schlafend hinter dem Gartenhag unter einem Strauch, er war kein Zwerg mehr, sondern lang lag er da, die Geldscheine waren wie ein Haufen Laub an einer Wegbiegung des Gartens zusammengewischt, neben ihm war nicht mehr der Sack mit den Broten, sondern der Hund, die Beine an sich gezogen, daß er fast wie eine Reisetasche aussah, er schlief, im Schlaf wedelte er hie und da mit dem Schwanz, und immer wenn er wedelte, fielen von einem Baum, der mir ein Kampherbaum zu sein schien, weiße Brote herab von den verschiedensten Formen.

Mittags aß ich in der Trattoria an der Piazza dei Priori. Am Tisch nahe der Eingangstür saß ein Mann mit einer sehr tiefen Stimme, es war eigentlich keine Stimme, es war, als hätte er im Innern ein Loch, aus dem das Dunkel überquoll nach oben, – das überquellende Dunkel, das war die Stimme. Als er mit dem Essen fertig war, kam seine Frau und ein etwa vierzehnjähriges Mädchen zu ihm an den Tisch, die Frau war blaß, sie blinzelte, wie geblendet von der Helligkeit der anderen Menschen.

Aber das Mädchen lachte laut, als es den Vater ansah, und das Lachen war wie ein Ball, der in das Kellerloch fiel und hoch heraufsprang.

Noch einmal im etruskischen Museum: die etruskischen Gesichter auf den Graburnen, – alles, was in den Menschen ist, scheint im Gesicht darin zu sein, alles ist vorne hingesetzt, nach vorne mitgenommen, die Menschen lagern sich darauf. Ohne Vertrauen ist der Mensch, der immer alles, was ihm gehört, bei sich haben will. Und so sehen die Gesichter auch aus: mißtrauisch.

Es gibt eine andere Art des Daseins im Vordergrund, alles von sich mitzubringen in den Vordergrund. Die Gesichter auf den Bildern von Giotto, zum Beispiel, sind auch ganz vordergründig. Aber bei Giotto hat der Mensch alles bei sich, um es der Helligkeit zu bringen, es soll alles in der Helligkeit sein, um derentwillen der Mensch da ist, – die Etrusker bringen sich nach vorne mit nur zu sich selbst, sie okkupieren sich selbst vorne, es ist ein Sich-Haben, bei Giotto ist es ein Sich-Geben.

Ich lehne wieder an der Mauer oben und schaue ins Land hinab. Die Sonne wirft ihr Licht heftig, fast feindlich hinab auf das Land. Die Hügel aber stoßen nach oben, es ist wie eine Rebellion der Erde gegen den Himmel über ihr.

Ich gehe jetzt an der Stadtmauer entlang bis zum etruskischen Tor. Von oben, von der Piazza her, kamen vier Greise langsam die steile Straße gegen das Tor herab. Sie waren wie Schneeflocken, die langsam durch die lange Zeit Volterras, mit ihr, herabgerieselt waren und langsam durch die Straßen weiterrieselten.

Hier in Volterra gibt es keinen Krieg in Korea, keinen Gegensatz zwischen Rußland und Amerika, es gibt nicht einmal Rußland oder Amerika oder nur so, daß einer aus Volterra ausgewandert ist übers Meer, eine Farm dort hat und reich geworden ist, dieser Mann aus Volterra, der in Argentinien ist, das ist Amerika. Und doch ist es, als kreise alles um diesen Ort Volterra, auch Korea und Amerika und Rußland, ohne daß sie und Volterra es wissen, wie zwei Gestirne umeinander kreisen und es auch nicht wissen. In dem Krieg, in dem Gegensatz zwischen Rußland und Amerika, ist ein viel größeres Potential zu dynamischen Ausbrüchen und Zerstörungen, als verwirklicht wird. Wenn das Potential nicht verwirklicht werden kann, so hat das neben anderem auch diesen Grund: solche ganz und gar statischen, da-seienden Orte wie Volterra haben dadurch, daß sie mit den dynamischen Dingen im gleichen Raum und in der gleichen Zeit sind, einen hemmenden Einfluß auf den Dynamismus der Verwüstung und den Dynamismus überhaupt.

9. Juli

Fahrt von Volterra nach S. Gimignano: bevor ich fortfahre, schaue ich noch einmal von der Mauer hinab auf das Land. Es ist gegen Abend. Die Hügel, die in der Hitze des Mittags heftig nach oben gegen die Wölbung des Himmels gestoßen hatten, waren jetzt sanft, eine kleine Wölbung war nun an der Stelle der Spitze. Der Himmel war näher, müde, ein wenig herabgesunken über die Hügel, die Hügel formten sich nach diesem Himmel: Wölbung des Himmels ward zu Wölbung des Hügels auf der Erde. Aber auch der Himmel hatte sich jetzt von den

Hügeln formen lassen: die Wolken an ihm sind die Hügel, die er von der Erde zu sich genommen hat.

Die vielen Olivenbäume überall: die grünen Blätter sind von einem silbrigen Schein von ihrer Unterfläche her umfaßt. Der silbrige Schein, – das ist, wie wenn man, beim Baden tauchend, von unten nach der Fläche des Wassers oben schaut: grün ist sie und vom Silbrigen durchbrochen, das Silbrige ist der Schaum der Wellen, der in das Grün fällt und es hell, silbrig macht.

S. GIMIGNANO

10. Juli

Gegen abend kam ich gestern in S. Gimignano an. Die Nacht fing an, aus den Vertiefungen zwischen den Hügeln heraufzusteigen, zuerst nur wie ein dunkler Nebel, dann dichter werdend und schwer auf die Hügel zurückfallend. Ein paar Lichter wurden angezündet in den Häusern zwischen den Hügeln: sie gehörten der Nacht, es war, als ob die Nacht sich leuchte. Der Mond war zuerst von den Wolken bedeckt, dann fuhr er durch die Wolken hindurch und die Erde wurde hinaufgesogen von seinem Licht.

Heute morgen ging ich auf eine Anhöhe und sah gegen die Stadt hin: die Stadt war wie eingehauen in den Himmel hinter ihr. Der Hügel, auf dem sie stand, hätte sich senken, unter ihr wegfallen können, die Stadt wäre stehen geblieben am Himmel, sie war in ihn eingehämmert.

SIENA

12. Juli

Ich gehe durch die Straße Banchi di Sopra an der Loggia della Mercanzia, dem alten Handelsgericht, vorbei bis zur Piazza del Campo, überall rechts und links sind langgestreckte kleine Cafés und Bars, angefüllt mit Menschen, es war wie Magazine voller Menschen.

Auf dem Domplatz: eine große Kraft der Anziehung, so, wie die Schwerkraft der Erde anzieht, geht von dem Dom aus, es ist, als seien die Steinklötze von selber an ihn herangesogen worden.

Einst war ein viel größerer Dom geplant. Der Dom, wie er jetzt ist, sollte nur das Querschiff des größeren Domes sein. Aber nichts als ein paar Steinbogen sind gebaut von ihm, ein paar schmale Bogen, die einen leeren Raum überwölben, hilflos stehen sie da und allein, wie die Bogen der großen römischen Aquaedukte in der römischen Campagna.

In der Pinakothek: vor den Goldhintergrund-Bildern des Guido da Siena, des Bartolo di Fredi, des Taddeo di Bartolo, – immer wieder ist mir, als sei dieses Gold, als seien diese Goldwände, einst durch den Raum der ganzen Erde hindurchgegangen, irgend etwas muß geschehen sein, daß die große Goldwand zerriß; das, was man hier sieht, sind nur die Reste: zum bloßen Hintergrund, zum Hintergrund der Bilder ist die große Goldwand eingeschrumpft.

Vor einer Madonna mit vielen Heiligen des Duccio di

Buoninsegna: die Gesichter der Heiligen um die Madonna herum sind wie die Blätter eines Buches, das sich von selber vor der Madonna auseinander geblättert, sich um sie herum geblättert hat, oder wie die Blätter einer Blüte, die sich abblättert, aber immer sind neue Blütenblätter darunter.

«Einen Propheten darstellen, hieß früher, sich in den erhabenen Zustand des Propheten versetzen» (Wilhelm Pinder). Mir scheint, das sei nicht richtig. Der Künstler damals lebte in einer Ordnung, zu der auch die Propheten und die heiligen Gestalten ganz und gar selbstverständlich gehörten. Innerhalb dieser Ordnung war der Maler den Propheten nahe, sie waren ein Teil seiner Ordnung, er brauchte sich nicht in einen außerordentlichen Zustand zu versetzen, um zu wissen, was ein Prophet sei.

Ein etwa fünfzehnjähriger Knabe stand neben mir vor dem Bild, er hatte ein Lächeln auf seinem Gesicht: das Lächeln ging durch die Haut, durch die Muskeln, bis zu den Knochen des Gesichtes, das ganze Gesicht war durchlächelt.

Ich schaue die Sachen an, die auf den Bildern neben die Heiligen gemalt sind: die Tiere, das Brot, die Blumen, die Häuser.

Die Alten haben diese Dinge noch gehabt, das Brot war noch das Brot und nicht ein Behälter von Kalorien und Vitaminen, die Blumen nicht vorübergehende Erscheinungen eines Entwicklungsprozesses in der Natur, und die Tiere nicht bloß ein unrentabler Maschinen-

Ersatz. Die Sachen waren *da*, der Maler hatte sie, wenn er sie malen wollte, sie waren ihm gegeben, *vor*-gegeben, er brauchte gleichsam nur ihren Linien nachzufahren, die Bilder kamen in einem wunderbaren Überfluß zu dieser Wirklichkeit hinzu.

Heute sind die Dinge nicht mehr da, eines könnte an der Stelle des anderen sein, und darum steht keines sicher vor einem. Und bis der Maler ein paar Dinge sicher vor sich hingestellt hat, die er malen will, ist alle Kraft für das Malen aufgebraucht, die Kraft hat gerade noch dazu gereicht, anzuzeichnen, wo eigentlich die Dinge sein müßten. Es ist, wie wenn ein Liebender die Liebe, die es vorher nicht gegeben hätte, erzeugen und dann noch mit der erzeugten Liebe einen konkreten Menschen lieben wollte. Das geht über das Maß des Menschen hinaus. Die Liebe muß vor-gegeben sein, wenn der Mensch einen andern konkret lieben will, – die Wirklichkeit muß vorgegeben sein, wenn der Maler von ihr ein Bild malen soll.

Ich las einmal eine Novelle in einem schablonenhaften Deutsch, ich hörte die Schablone scheppern, wenn ich von Wort zu Wort ging. Trotzdem: es war eine wirkliche Sache unter der Schablone, sie drang durch die Schablone bis zu mir durch. Viele Schriftsteller heute haben nur das Wort und jagen damit einer Sache nach, die sie nicht haben, – dieser hingegen hatte die Sache und er suchte nach dem Wort, das er nicht besaß. Mir schien es das Bessere zu sein.

Wie war es aber möglich, durch die Schablone hindurch, die Wirklichkeit zu merken, die Sache braucht doch das Wort, um zu zeigen, daß sie da ist? Vielleicht gibt es heute eine Gemeinschaft der wirklichen Dinge, die das Geheimnis haben, sich ohne das Wort dem Menschen kundzugeben, indem ein stummes Ding am andern deutlich wird, – so redet die Stummheit.

13. Juli

Ich gehe durch die Porta Ovile hinab in ein Tal und auf der anderen Seite hinauf zum Convento dell'Osservanza, einem Kloster. Ich schaue gegen die Stadt, die dicht an die Fläche des Himmels gestellt ist, an ihn gedrückt. Sie ist wie ausgegraben aus der Fläche des Himmels, weggerissen wurde seine Decke, ein Steinbruch ist aus diesem Stück des Himmels gemacht.

Ich gehe auf der Höhe weiter in das Land hinein. Hügel steigen aus der Ebene auf, Olivenbäume kommen dem Hügel entgegen, die Olivenbäume sind wie von oben herunter gelassen auf den Hügel, wie Fallschirme.

Ein Hügel ist voller Zypressen, sie sind wie ein sich aufrichtender dunkler Abgrund, ein Abgrund, der nach oben strebt.

Kein Mensch ist auf den Feldern zu sehen, hie und da komme ich an einem Haus vorbei, in den Gärten ist auch niemand, man hört keinen Menschen, man sieht niemanden. Es ist Sonntag nachmittag.

Ich gehe weiter auf der Höhe. Die Straße biegt ein wenig nach rechts, dann wird sie wieder gerade, jetzt macht sie noch eine Biegung langsam nach rechts und kehrt plötzlich dann auf die andere Seite. Etwas Suchendes ist in der Straße, und *so* muß auch die Straße sein, nicht bloß eine möglichst rasche Verbindung zwischen zwei Entfernungen, nicht nur ein gerader Streifen, über den rasch ein Auto fährt, das hinter sich den Straßenstreifen wegwirft, als etwas lästiges, – diese Straße hat ihr Wesen bewahrt: sie sucht für den Menschen, in dem Hin und Her ihrer Bewegung, in ihren Wendungen und in der Unsicherheit der Richtung ist noch das Ungewisse drin, mit dem der Mensch das erste Mal auf der Erde ging, um sich einen Weg zu suchen.

Es muß dem Menschen schaden, wenn er, eilend, aufhört, Antworten zu geben auf das, was um ihn herum ist. Immer mehr sammeln sich in ihm die stummen Forderungen einer Antwort an, immer, wo die Antwort fehlt, entsteht eine Leere, eine immer größere Leere entsteht, nicht eine ruhige Leere, sondern eine fordernde, von der der Mensch gar nicht mehr weiß, was sie bedeutet, aber das Fordernde manifestiert sich als Unruhe und Nervosität.

Rechts und links von der Straße sind viele Olivenbäume. Die Äste gehen nach allen Richtungen, bald hierhin, bald dorthin, bald wieder zurück sich wendend, dann aufwärts: Hieroglyphen, von den Ästen in der Luft geschrieben, und zwischen sie fällt von oben der Glanz der silbrigen Blätter hinunter.

Noch immer höre ich keinen Menschen. Aber das ist kein Schweigen, es ist etwas Entleertes. Der Mensch fehlt, der Mensch. Jedes Ding, das ich sehe, ist ohne ihn wie ein Grabstein über etwas Entschwundenem.

Ich bin zurückgekehrt und stehe wieder am Convento dell'Osservanza. Die Stadt Siena liegt vor mir noch in der Ferne. Die Steinmauer ihrer Häuser, die von der Fläche des Himmels sich abhebt, ist wie eine Steingrenze der Erde gegen den Himmel. Ich erschrecke: der Mensch hat eine Grenze gesetzt zwischen Himmel und Erde? Ein Vogel flog hoch weg über die Steingrenze, immer höher und rascher, er schien nach oben zu fallen, so rasch flog er, er wurde von der Wölbung des Himmels wie angesogen.

Ich kam näher der Stadt, Olivenbäume, sehr viele, wuchsen von der Tiefe des Tals hinauf gegen die Steingrenze, als sollten sie die Steingrenze überwachsen.

FLORENZ

15. Juli

Am Domplatz: mitten in der eilenden Bewegung der Menschen und der Autos sind der Dom, das Baptisterium, der Campanile nur noch wie eine Staffage da. Ich erschrecke: haben sich die Dinge selber zurückgezogen und lassen sie uns nur ihre Fassade?

Der Dom innen erscheint zuerst wie ausgehöhlt, wenn man vom Lärm des Platzes in ihn hineinkommt, wie von einer Bombe ausgehöhlt.

Aber auf einmal kommt vom Chor her der Gesang der beginnenden Messe. Schon beim ersten langen Ton ist die Höhle ausgefüllt, der Ton fließt nicht langsam in sie hinein, sondern auf *ein* Mal ist durch ihn die Leere ausgefüllt. Noch mehr Töne kommen heran, die Höhle reicht nicht für diese Fülle, die Wände werden gespannt, die Lichter fangen an zu zittern. Der Raum ist wieder erstanden durch die Töne.

16. Juli

Ich komme vom Monte Ceceri nach Fiesole gegen Abend. Es dämmert beim Heruntergehen, und es wird Nacht. Die Nacht steigt zwischen den Hügeln hinauf, drohend, und dehnt sich langsam über die Ebene und über die Stadt in ihr aus, von überallher kommt jetzt noch Nacht herbei, als hätte die Erde ihren Boden geöffnet und Dunkles heraufgelassen.

Aber jetzt erscheinen die Lichter in Fiesole und gleichzeitig auch unten in Florenz und rings um Florenz, als hätten die Lichter schon lange in der Luft gewartet, so viele sind es auf einmal.

Das Drohende ist verscheucht durch sie, jetzt ist es, als hätte das Dunkel selber die Lichter aus sich herausgelassen.

Es werden immer mehr Lichter in der Stadt und in den Dörfern ringsherum, sie sind jetzt wie Bälle von Licht, ins Dunkel geworfen.

Im Tram von Fiesole nach Florenz saß ein Mann, der aussah wie einer, der immer zum Bösen bereit ist. Sein Kopf war rund und rot, eine Kugel des Bösen, die im nächsten Augenblick losgeschossen wird. Diese Kugel des Bösen war so mächtig, daß ein *Mensch* nicht den Befehl geben kann, loszubrechen, ein Mensch nicht. Der Mann schien das Böse zu verwahren für dämonische Mächte. Aber wußten diese nicht, daß das *übermächtig* Böse in der menschlichen Gestalt gar nicht zu verwirklichen ist? Die menschliche Form läßt das Übermaß des Bösen nicht aus sich heraus, das übermächtig Böse sitzt in der menschlichen Form wie in einem Gefängnis darin, und so saß es auch in diesem Gesicht, in einem Gefängnis.

Kein Tier kann so bös aussehen wie ein Mensch. Immer, wenn ein Mensch bös ist, hat er nicht nur sein eigenes Böses bei sich, sondern zugleich erscheint das Böse aller Generationen vor ihm bis zur Erbsünde. Das Böse hat eine Tiefe beim Menschen, die Tiefe des Bösen ist eine Verführung, der Mensch gelangt in eine Tiefe, in die er sonst nicht so leicht gelangen würde.

Das Tier hingegen hat die Tiefe des Bösen nicht, es ist

vielleicht auch in die Erbsünde hineingerissen durch den Menschen, aber es ist durch kein Bewußtsein mit der Vergangenheit verbunden. Das Böse ist beim Tier nur gegenwärtig da. Die Schlange allein von allen Tieren reicht bis zur Erbsünde hin, sie ist wie eine schlüpfrige Rinne, die sich von der Erbsünde bis in die Gegenwart heraufwindet, Ausfüllsel der Rinne, aber zugleich sich selbst ihrer entwindend, ein losgerissenes Stück von ihr.

Immer wird der Mensch einen Augenblick leicht schwindlig, wenn er eine Schlange sieht, alles stockt einen Augenblick in ihm. In diesem leichten Zustand der Bewußtlosigkeit ist er wie in einem Raum, in dem noch nichts geschehen ist, aber doch alles im nächsten Augenblick geschehen kann: es ist für einen Augenblick die Wiederholung des Zustandes vor dem Sündenfall, der Augenblick vorher.

17. Juli

Abends, mit Dr. M. K. am Arnoufer spazierend, sprachen wir über Simone Weil. Ihr Wesen ist die Unmittelbarkeit des Geistes. Das Objekt wird wie zum ersten Mal dort hergeholt, wo es noch keinen Namen hat, es geschieht etwas, es ist ein Akt, wenn bei ihr Wort und Ding aufeinander treffen.

Wahrscheinlich ist Simone Weil durch ihre Unmittelbarkeit zur unmittelbarsten aller Unmittelbarkeiten gekommen: zur Religion. Sie hätte auch ins Unmittelbare des Naturhaften, ins übertrieben Naturhafte verschlagen werden können. In ihm wäre dann die Unmittelbarkeit des Geistes aufgebraucht worden, – aus der Unmittelbarkeit des Religiösen hingegen wuchs ihr neue Unmittelbarkeit zu.

Ihre Gedanken springen manchmal wie vor Freude in die Höhe, weil die Wahrheit in ihnen ist.

Auch davon redeten wir: den Menschen treibt es nicht nur zum Objekte hin, daß er es erforsche, das Objekt treibt auch hin zum Menschen, es bietet sich ihm an, es fordert ihn auf, es zu nehmen, sich seiner, des Objektes, anzunehmen: der Mensch will nicht nur erkennen, sondern das Objekt will auch erkannt sein. Das spürt man an der Bereitschaft, wie es dem Menschen sich hinhält, sich entgegenstreckt, es will mit ihm, durch des Menschen Blick und durch sein Bewußtsein, verbunden werden.

Auch dies erfuhr ich im Gespräch: es gibt ein paar Denker, bei denen das Ziel des Denkens fast gleichgültig ist; man sieht an ihnen die Bewegung des Denkens an sich, man sieht, wie das Denken denkt, Hegel ist so, Kierkegaard, Heidegger, Gabriel Marcel, besonders im »Journal métaphysique«.

19. Juli, abends

Ich war bei Frau S. Sie ist sehr reich, aber sie will ihr Leben nicht vom Geld, sondern vom Christentum beherrschen lassen. Trotzdem – sie ist ganz und gar durchsetzt vom Geld, sie denkt nur Geld, sie ist das Geld selber und zwar nicht das abstrakte Geld, das einem, zum Beispiel als Aktie, Anteil gibt an einer Fabrik, die man nie sieht, – nein, zu ihr gehört der ganz und gar konkrete Besitz, der Besitz an sich, der Reichtum an sich: das Gold.

Vielleicht hatte sie gar nicht so viel Gold, vielleicht hatte sie auch noch Aktien und Bankkonten, aber sie war selber so konkret, so sehr *da*, daß man sich gar nichts anderes vorstellen konnte, als daß bei ihr der

Reichtum das Gold sei. Wenn man sie sah, so wußte man: Reichtum, das ist Gold, es gab überhaupt keinen anderen Reichtum als Gold. Sie sah mächtig aus, wie die Mutter eines Geschlechtes, die Mitte davon, man sah durch sie hindurch die Reihe der Menschen, die ihr vorangegangen waren und die von ihr weitergingen in die Zukunft, bei ihr war die Kraft eines Geschlechtes gesammelt, das Geschlecht spürte sich selber in ihr. Sie war breit und fest, aber niemand konnte meinen, sie sei dick, so sehr war alles an ihr nicht wie auf sie gelegt, sondern von innen her zu sich genommen, durchsetzt von ihr. Der Kopf war nicht bloß eine Fortsetzung des Leibes, sein oberes Ende, er war wie von oben aufgesetzt, ein »Halt!«, es war die Stelle, von wo geherrscht werden sollte. Aber das Gesicht war ängstlich, ängstlich war sie, ob wieder von ihr gefordert werde, und ängstlich auch, ob sie gebe, wie die christliche Lehre es wolle. Es war nicht leicht für sie, zu geben. Das Geld schwirrte nicht leicht um sie herum als etwas Abstraktes, schon halb Losgelöstes von ihr, es lag schwer vor ihr da, unbeweglich, als etwas, das dableiben wollte, etwas, das in ihrer unmittelbaren Nähe war, ein Stück von ihr selber. Sie spürte, daß es schwer, fast unmöglich war, mit dem schweren Geld durch das Nadelöhr zu gehen. Sie spürte mit ihrem konkreten Wesen die Worte Christi wieder ursprünglich, wie zum ersten Mal gesagt.

Nach dem Essen kam der Bildhauer P. Er unterhielt sich mit Frau S. wegen der Unterstützung, die sie seinem Freunde, dem Maler T., geben sollte. Sie reichte ihm nach ein paar Sätzen schon das Geld. Der Bildhauer nahm es aber nicht, sie müsse es selber schicken und nicht alles auf einmal, sondern jeden Monat eine bestimmte Summe. Das paßte Frau S. nicht, sie wolle die Sache auf einmal aus dem Kopfe haben, sagte sie. Der Bildhauer P. antwortete, sie dürfe als Christin die Sache nicht mit einem Male von sich werfen, sie müsse sie immer im Kopf und im Herzen haben. Frau S. erwiderte, sie habe Angst vor ihm, dem Bildhauer P. Der Bildhauer schien ein wenig unwillig zu werden: »Angst?«, fragte er. Ja, warum sie ihn dann gerufen habe? – Sie habe Angst vor ihm, antwortete sie, weil sie wisse, daß er die Menschen durchschaue, und sie fürchte, daß er, wenn er sie durchschaue, wenn er ihr Inneres kenne, sie nicht mehr leiden möge.

Auf dem Heimweg kam mir ein reicher Mann in die Erinnerung, der merkte, daß er das Geld heute nicht mehr *habe,* sondern daß es nur um ihn herumflattere. Er hatte ein sehr großes Haus mit fünfundzwanzig bis dreißig Zimmern, es war das Haus der Eltern und Vorfahren. Niemand wohnte darin als er und seine Frau. In diesem Haus ging er fast den ganzen Tag von einem Zimmer zum anderen, er hatte Angst, daß eines Tages auch die vielen Zimmer nicht mehr da sein würden, er hatte vieles vor sich zerrinnen sehen, weggesogen war es, ohne daß er es gemerkt hatte, immer ging er jetzt durch die Zimmer, es war, als ob er sie mit seinem festen Tritt zu halten suche.

Einmal, als ich im untersten Stock in einem Zimmer mit seiner Frau saß und wir die Schritte über uns hörten, sagte die Frau: »Jetzt bleibt er stehen, hören Sie, er bleibt stehen: er schaut von Zeit zu Zeit in einen Spiegel, er glaubt manchmal selber nicht, daß er noch da ist, er will sich sehen.«

Oft am Abend ging er in den Keller, dort hatte er in der Mauer einen kleinen Geldschrank, es war Gold darin. Er öffnete den Schrank, ließ die Goldstücke von einer Hand in die andere fallen und lächelte höhnisch. Er sagte, das Gold sei heute eine Gespenst, es stamme aus der vergangenen Zeit, es sei selbstverständlich, daß es im Kellerdunkel eingesperrt werde, das Gold sei nur ein Revenant, etwas, das versuche herumzugeistern in einer Welt, in die es nicht mehr gehöre.

Es ist sehr dunkel. Die Straßen erscheinen wie harte Bretter, gelegt über ein noch tieferes Dunkel.

Ich gehe entlang dem Lungarno Acciaioli zum Hotel. Die Menschen, die über die Brücke gehen, sind wie schwebend über ihr, wie auf einem Absprungbrett, von dem sie in die Nacht entschwinden.

21. Juli

Ich fahre in einem Autocar mit Engländern, Franzosen und Belgiern nach Vallombrosa. Ein Mann ruft durch ein Sprechrohr hindurch die Orte aus, durch die wir fahren, die Geschichte der Orte und die Denkmäler. In S. Ellero werden wir durch das Kastell geführt, wir gehen fast so dicht miteinander, wie wir im Auto beieinander saßen. Ein Engländer blieb einen Augenblick stehen, während wir weitergingen und band sich einen Schuhriemen fester, – es war, als ob er aus dem Autocar herausgefallen wäre.

Der Mann mit dem Sprechrohr war weit vorangegangen, er stieß aus dem Rohr Worte heraus über den Kampf zwischen den Ghibellinen und den Guelfen, die das

Kastell belagert hatten. Der Mann schien alles für uns zu wissen und alles für uns im voraus zu erledigen, ehe es bei uns angekommen war, aber es geschah nicht von ihm aus, er war nur ein Teil der allgemeinen Erledigungsmaschinerie von heute.

Der Mensch begegnet heute nicht mehr unmittelbar den Dingen, das Subjekt wird nur noch indirekt ergriffen, eine Maschinerie ersetzt die Unmittelbarkeit.

Die unmittelbare Begegnung braucht Zeit, sie verlangt, daß der Mensch dem Objekt von seiner Zeit, von seinem Wesen, also Liebe gebe. Das aber ist der Sinn der Erledigungsmaschinerie, daß sie für den Menschen, der keine Zeit und also keine Liebe mehr für das Objekt hat, die Beziehung zum Objekt übernehme.

Man hat viele verschiedene Gesichter, zum Beispiel von Chinesen, übereinander photographiert, eines über das andere, man wollte so den Durchschnittstypus des chinesischen Gesichts erhalten. So ist heute im Menschen das Durchschnittserlebnis da, es entsteht dadurch, daß ein Objekt, das er sieht, auf das andere gebündelt wird, weil dem einzelnen Objekt nicht Zeit und nicht Liebe gegönnt ist, – wie in einem Magazin liegen die Objekte aufeinander und drücken sich ineinander ab zu einem Durchschnitt: das ist die Erlebnisart des Menschen von heute. Eine Unmittelbarkeit zum Objekt hin gibt es nicht mehr.

Jedes Objekt wird heute überhaupt nur dann apperzipiert, wenn es durch eine Erledigungsmaschinerie hindurchgegangen ist. Das Objekt ist von vornherein schon von der Erledigungsmaschinerie ergriffen, ehe der Mensch zu ihm gekommen ist, es findet eine Vor-Erledigung statt, bevor das Objekt da ist, ein neues Objekt ist schon von vornherein bekannt, – daher kommt die Langeweile des Menschen von heute.

Es *geschieht* heute nichts, wenn der Mensch einem Gegenstand begegnet, es ist alles wie schon vorgeschehen, vorerledigt. Der Mensch aber muß durch einen Entschluß, durch einen Akt der Freiheit zum Gegenstand, der vor ihm ist, kommen. Es ist nicht jedes Mal ein Akt der Freiheit notwendig, die Begegnung mit dem Objekt kann auch wie etwas Gewohntes vor sich gehen, denn in einem Akt der Freiheit ist ein Überschuß, der über den Akt hinausgeht, es wird ein Vorrat von Freiheit geschaffen, an dem auch die folgenden Begegnungen, die durch Gewohnheit geschehen, teilhaben können. –

Gibt der Mensch dem Objekt keine Zeit mehr, so ist nicht nur das Objekt ungeborgen, sondern auch die Zeit, beide sind ungeschützt, das Objekt ist ganz dem es okkupierenden Menschen preisgegeben, und die Zeit, die nicht mehr gebunden ist an ein Objekt, nicht mehr von ihm gehalten, schnellt hemmungslos in sich selber ab und braucht sich auf. Die Zeit der Dinge und des Menschen wird so aufgebraucht und kommt bald an ihrem Ende an.

Und: ist es nicht möglich, daß durch die allzurasche Bewegung der Zeit, Dinge mitgezogen, heraufgerissen werden, die man nicht beherrschen kann? Gerade das, was unkontrollierbar auf diese Weise mitgerissen wird, wäre für den Menschen am gefährlichsten.

Dies scheint mir der Sinn der wirklichen Begegnung zwischen den Menschen und dem Objekt zu sein: dadurch daß der Mensch dem Objekt Liebe, das heißt, Zeit gönnt, wird die Uhrenzeit über das Mechanische herausgehoben, es entsteht organische, menschliche Zeit.

Wohl gibt es auch das Erkennen im Augenblick: wenn die Wahrheit so intensiv ist, daß sie gleichsam die Zeit um sich herum verbrennt. Aber diese Art der Erkenntnis ist verdächtig heute, denn wo ist die Zeit, selbst die mechanisch ablaufende Uhrenzeit, die verbrannt werden könnte? Es ist nicht einmal mehr die Uhrenzeit da, nur noch der Augenblick, aber nicht der Augenblick der Ewigkeit, der dadurch entstand, daß die Zeit durch das Feuer der Wahrheit verbrannt wurde und nur der Augenblick übrigblieb, sondern nur der Augenblick als Abfall, als Rest der Uhrenzeit, als ihre letzte Sekunde ist da.

22. Juli

Von Vallombrosa gingen wir allein im Walde den Bergabhang entlang gegen Consuma zu. Nach einer Stunde kehrten wir in einer kleinen Wirtschaft ein. Niemand war in der Wirtsstube. Ein Hahn krähte in der Nähe, es war, als ob die Luft einen Augenblick heftig geschüttelt würde, kein anderer Hahn in der Ferne gab Antwort. Eine weiß-schwarze Katze sprang in einem großen Bogen vom Dach herab am Fenster vorbei, sie war von der Wand der Stille abgegleitet. Jetzt kam auch von der Küche her eine alte Frau in die Wirtsstube, sie kam langsam auf uns zu, als ob sie einen weiten Weg gegangen wäre, bis sie uns begegnete, und als ob sie nun am Ziel sei.

Die Frau fragte nicht, woher wir kämen, auch nicht, was wir wünschten. Sie ging in die Küche, brachte von dort drei Teller und stellte sie auf einen schmalen Tisch an der Wand, dann holte sie aus der Küche zwei Messer und zwei Gabeln, legte zu jedem Teller ein Messer und eine Gabel, mit dem dritten Teller stieg sie die zwei Stufen der schmalen Treppe hinauf, man hörte, wie eine andere Tür geöffnet wurde, und, den Weg wieder zurückkommend, stellte sie den Teller auf das Tischchen, es lag ein kleiner Haufen weißen Käses auf ihm. Dann ging sie noch einmal den gleichen Weg und brachte in einem Körbchen ein großes, rundes Brot, das stellte sie neben den Teller mit dem Käse. Eine jüngere Frau lief zu der alten hin und gab ihr eine mit Stroh umhüllte leere Flasche, damit ging sie in die Küche, wir hörten, wie zwei Menschen vom Boden etwas Schweres hochzuheben schienen, es war das Brett, das über der Kellertreppe lag, die alte Frau ging die Treppe hinunter, sie brachte dann den Wein und stellte auch ihn auf das schmale Tischchen. Jetzt setzte sie den Teller mit dem Besteck zuerst vor den Freund hin, ging zurück und holte den anderen mit dem Besteck für mich, nun auch den Teller mit dem Käse und dann erst den Wein zu uns her.

Es hatte lange gedauert, bis wir die Sachen vor uns hatten, aber wir wurden nicht ungeduldig, wir dachten gar nicht, daß es rascher oder anders vor sich gehen könnte. Denn es wurde ja uns nicht nur der Käse und der Wein und das Brot hingestellt, sondern auch die Zeit, die Zeit, in der das Korn auf dem Felde gewachsen war, das Warten, bis es gereift und bis es schließlich geerntet und dem Müller und dem Bäcker gebracht war. Von dieser Zeit war im langsamen Gehen der Frau, in jeder ihrer Bewegungen darin. Die alte Frau zeigte durch die langsame Art, wie sie die Dinge brachte, daß sie wisse, wie lang die Dinge gebraucht hätten, bis sie herangekommen seien, – so wurde ihnen Ehre zuteil. Die Zeit selber, durch die die Dinge sich bewegen mußten, bis sie hier ankommen konnten, die Zeit selber wurde geehrt, sie war nicht etwas, das als eine Last auf den Dingen war und verhinderte, daß alles sofort und auf einmal da sei, sie war auch nicht nur der Weg, den die Dinge gehen mußten, bis sie hier waren, sie war ein Teil von den Dingen und war noch selbst nachher *in* ihnen, als die Dinge fertig waren. Dadurch war auch der Boden, auf dem das Korn wuchs und der Regen, der auf es herabfiel, und alles, was mit ihm geschah, beim Brot, ja in seiner dunklen Rinde, die ein wenig mit Mehl bestäubt vor uns lag, war noch ein wenig von dem Dunkel der nächtlichen Stunden, von der Arbeit des Bäckers am Backofen.

Die Frau war sehr alt, nur das Alter war in ihrem Gesicht, sie hätte auch eine Chinesin oder eine Deutsche sein können: alles Rassenmäßige war aufgesogen vom Alter, aber das Alter war nicht wie ein Ende, nicht wie der Rest von etwas Aufgebrauchtem im Gesicht, sondern etwas Neues war in das Gesicht gekommen, unabhängig vom Erlebten, etwas, das über alles Erlebte hinausging, es war auf sie herabgesenkt worden, etwas Vollendetes.

24. Juli

Von dem Piazzale Michelangelo aus, von der Höhe, liegt Florenz unten wie ein Haufen von Steinen, die von überallher hier zusammengetragen wurden. Der Haufen liegt neben den Bergen, neben den Hügeln, wie eine Welt für sich da, Welt der Steine, in der alles aus Steinen gemacht werden kann.

Der grau-bräunliche Steinhaufen der Stadt hat etwas Feindliches gegenüber den Hügeln und den Bergen, der

Fluß, der Arno, läuft müde wie ein Gefangener durch den Steinhaufen hindurch, die Stadt ist allein mit ihren Steinen und dem gefangenen Fluß.

Jetzt kam der Nebel über die Stadt, die Steine verschwanden in ihm. Nur ein paar Häuser auf den Hügeln kamen noch aus dem Nebel hervor, Gerettete und Rettende zugleich. Ein Schwarm Vögel ließ sich niederfallen auf die Bäume des Parkes, die aus dem Nebel herausreichten, sie saßen auf den Bäumen wie Vögel, die auf ein Schiff herabfliegen und sich ein Stück weit über den See tragen lassen.

Die Kirche S. Miniato: die Kirche ist romanisch, aber sie ist so vollkommen, daß der Stil gleichgültig ist, durch ihre Vollkommenheit erhebt sie sich über den Stil, – wie der große Mensch zwar auch einer Rasse und einem Volk angehört, aber doch sich darüber erhebt. Eine wunderbare Freiheit entsteht dadurch, die sich dem Beschauenden mitteilt und die auch ihn über sich selbst erhebt.

Ein Glanz geht von den weißen Marmorstreifen der Fassade aus. Der schwarze Streifen unter jedem weißen ist wie der Schatten dieses Glanzes.

In den Uffizien: die Gesichter auf den Bildern der primitiven Sienesen sind schmetterlingshaft, als ob sie nur wie ein Schmetterling oben auf dem Körper säßen, sich dort wiegten und sich bald auf diesen, bald auf jenem Körper niederließen. Das Erscheinungshafte der Heiligen, dieses, daß sie in jedem Augenblick erscheinen und in jedem Augenblick wieder verschwinden können, und daß sie da sind vor einem und doch zugleich überall, wird dadurch wunderbar ausgedrückt. Man ist wie in einem Schwarm von Schmetterlingen vor diesen Bildern.

Nirgends werden die Menschen heute so demütig wie vor den Bildern, sie werden bescheiden, sie merken, daß sie den Bildern das nicht geben können, was sie fordern: eine innere Welt im Menschen, in der die Bilder sein können. Nur in der inneren Welt des Menschen erfährt ein Ding den Zusammenhang, in den es gehört. Ohne die innere Welt muß der Mensch die Bilder einsam lassen: die Bilder sind da und doch ausgestoßen, verwaist. Eine Schuld spürt der Mensch. Die Bilder sind im Menschen von heute wie Sterne, die keinen Himmel haben, an dem sie sich bewegen können.

Es werden überhaupt heute dem Menschen zuviel Objekte hingebracht, von überall her. Es ist nicht möglich, daß der Mensch auf alle antwortet, das heißt, daß er allen Zeit und Liebe gönnt, er kann nur zu Wenigem eine Beziehung haben. Es verstört ihn, daß er auf die allzu vielen Objekte nicht antworten kann. Der Mensch braucht einen Himmel über sich, den überirdischen Himmel und den Himmel der Ideen, der, ohne daß der Mensch es merkt, die Dinge nicht nur ordnet, sondern den Überschuß aufnimmt, aufsaugt und das verschwinden läßt, was zuviel ist. Die allzu vielen Dinge zu verringern, das wäre nur eine technische Regulierung des Schadens, – der *Himmel* muß mächtig sein über den allzu vielen Dingen, das ist die Heilung.

Alles ist heute krisenhaft, gegeneinander zugespitzt, es muß einander feindlich sein, weil nichts Drittes da ist, das die Beziehung zwischen dem, was einander entgegengesetzt ist, mildert. Zu allen Zeiten gab es Gegensätze, Krisen, aber heute fehlt der Himmel, der als ein Drittes über dem einander Entgegengesetzten steht, es überwölbt, so daß es weniger schroff einander gegenüber ist.

Zwei Menschen kommen in den Saal, in ihren Gesichtern war nicht das Häßliche, das der Gegensatz zum Schönen ist, sondern das Häßliche an sich, drohend. Es gibt Gesichter, in denen das Häßliche teilhat am Geiste, der im Menschengesicht ist, es wird überwölbt von ihm und dadurch gemildert. Aber in diesen beiden Gesichtern fehlte der Geist, und das Häßliche stand darum drohend darin. So kann auch das Sexuelle obszön-drohend ins Menschengesicht aufsteigen und es okkupieren, wenn der Geist aufgehört hat, in ihm zu sein.

Ich schaue vom Korridor, in dem die antiken Bildwerke stehen, durch das Fenster hinaus. Ein Flugzeug steigt auf, und der Himmel scheint sich höher zu heben, wenn das Flugzeug nach oben gegen ihn stößt. Baggermaschinen, wie böse angebundene Tiere, graben Sand aus dem Arno herauf.

Die antiken Figuren erscheinen jetzt auch wie herausgegraben von einer Maschine, durch Irrtum herausgegraben, verlassen dann von der Maschine, die vergaß, sie zurückzubringen unter die Erde.

Piero della Francesca, Bildnis des Federigo da Montefeltro: das Gesicht durchdringt sich selber, es scheint auch in der Tiefe so zu sein, wie es oben ist, es gibt keine Muskeln und Knochen unter der Haut, sondern nur immer wieder dieses Gesicht, auf jedem Durchschnitt ist es wie oben, auf der Oberfläche.

Jede Linie in diesem Gesicht ist wie eine Antwort des Menschengesichts auf etwas, das sich ihm entgegenstellte, der Widerstand der Welt ist im Gesicht darin; in den scharf umbiegenden Linien von der Stirn zur Nase und von der Nase zum Mund und von hier wieder zum Kinn ist das Auf und Ab des Kampfes sichtbar, und in der Festigkeit, mit der das fast Auseinanderbrechende zusammengehalten ist, auch der Sieg über den Widerstand. Das Widerstehende ist aber nicht zerstampft, das gibt dem Gesicht Weite, es hört nicht bei sich selber auf.

26. Juli

Auf dem Spaziergang mit Dr. M. K.: er klagte, er habe im Schreibtisch seines verstorbenen Associé L. ein Notizbuch gefunden mit einem Schildchen darauf: Dr. M. K. Darin sei geschrieben gewesen: »6. Mai, M. K. ist mir noch immer 90 000 Lire schuldig, – 12. Mai, M. K. ist vom Fabrikanten B. zur Jagd eingeladen worden, er hätte die Einladung nicht annehmen dürfen, weil ich nicht mit eingeladen war, – 20. Mai, M. K. hat acht Tage Ferien gemacht, anstatt den neuen Auftrag zu bearbeiten.« So ging es Monat für Monat durch das ganze Jahr weiter, »und ich«, sagte M. K., »ich habe von alldem nichts gemerkt, immer war L. freundlich zu mir, ja vom Herzen her freundlich.«

Ich antwortete: »Der Mann hatte einen Abgrund in seinem Inneren, eine Hölle. Aber darauf kommt es nicht an, sondern: der Abgrund, die Hölle vermochte nicht nach außen durchzudringen, nur das ist wichtig, der

Abgrund war zugedeckt, er war gebannt, daß er unten bleiben mußte, er war durch die Freundlichkeit des Herzens gebannt und durch die Spur des Göttlichen, die im Menschen ist.«

Die Psychoanalyse holt die Hölle, den Abgrund, hinauf in den Tag, sie vermischt den Abgrund mit ihm, macht den Abgrund zu einem Bestandteil des Tages und zerstört so den Tag. Man muß den Abgrund an seinem Ort lassen, unten.

Die Psychoanalyse nimmt den Abgrund im Menschen als etwas, das im gleichen Range, wie er selber ist. Man kann aber den Abgrund nur von oben, vom ganz und gar Anderen her, bezwingen. Man muß den Geist des Menschen stark machen, die Spur des Göttlichen, daß die Hölle gebannt wird und unten bleibt. Die Psychoanalyse vermag nur manchmal die Störungen im Abgrund zu regulieren, sie heilt nicht.

27. Juli

Ich gehe über den Ponte Vecchio auf das linke Ufer des Arno. Der Weg in dem alten Quartier ist wie ein Weg in einer kleinen Stadt. Hier ist es nicht wie in den Straßen in der Nähe des Domplatzes, wo man von der allgemeinen Bewegung mitgeschleift wird, hier bewegt man sich selber vorwärts, man spürt jeden Schritt. Die Menschen eilen nicht zu einem Ziel, das man nicht sieht, hier sieht man oft das Haus, aus dem einer kommt, und jenes, in das er geht. Und wie in einer kleinen Stadt sind die Kleider, das Brot, das Obst, das Fleisch in den Schaufenstern unmittelbar vor einen hingestellt und so, als müßte sofort mit dem Essen begonnen werden.

Im etruskischen Museum: als die Sowjet-Kommissare die russischen Bauern belehren wollten, in den Sarkophagen der Kirchen und in den Reliquienschreinen seien keine Heiligen, sondern nur ein paar Knöchelchen, Staub und Fetzen von Stoffen, da sagten die Bauern: »Das glauben wir wohl, daß ihr Kommissare nichts anderes gefunden habt. Unsere Heiligen sind gescheit, sie haben gewußt, daß ihr kommt, und sie haben euch diese Reste dagelassen, euch, aber nicht uns.«

So, kommt es mir vor, hat der Tod, der große Tod, in dem alle Etrusker verschwunden sind, uns diese Urnen, diese Reste von ihnen, dagelassen, daß wir sie betrachten, bei ihnen stehenbleiben, indes sie selber immer weiter entschwinden.

In den vielen Sälen ist fast überall das gleiche, immer wieder auf den Urnen die hingestreckten Männer und Frauen. Fahl, bräunlich sind die Urnen, auf denen sie liegen, wie vom Tode mitgefärbt.

Ich bin allein in den Sälen, kein anderer Besucher ist da, die Aufseher lehnen an der Wand wie Attrappen.

Mein Schritt auf den Boden ist sehr laut in den weiten Sälen mit dem vielen Gestein, er ist wie der Schlag eines Hammers auf die Urnen.

Wie ein Abgesandter der Lebenden gehe ich herum. Ein Waldhüter geht so durch den Wald, kein Mensch ist da, der ihn anschaut. Aber wo ein Streifen Helligkeit ist, vom hereinfallenden Licht, da ist es wie ein Blick.

Nachmittags im Café Gigli: ein Mann saß an einem Tischchen allein, die untere Partie des Gesichtes, vom Mund abwärts, sank ins Fett, das Auge schielte darüber hin. Der Mann war klein, das kurze, braune Schnurrbärtchen war wie zum Abnehmen, es hing am Gesicht, als sei es irgendwo hängengeblieben an ihm. Er war mir schon aufgefallen, als er von der Straße zum Café hingegangen war, er ging wie in einem Schacht, er ging auf der Oberfläche der Erde wie unter der Erde, er war ein Schachtmensch oben im Licht.

Es war der Abgeordnete C. Bald kam ein Mann zu ihm, den er mit einem Zettel fortschickte. Drei andere Männer, auch eine Frau erschienen und verschwanden mit solchen Zetteln. Wieder kam einer und setzte sich an das Tischchen. Der Schachtmensch redete, es war eine Stimme ohne Höhe und Tiefe, kaum waren die Vokale und Konsonanten voneinander verschieden. Wenn die Stimme sich einmal unterbrach, dann war es, als würde ein Graben im Schacht übersprungen. Der Schachtmensch redete und redete, die Worte gingen rings um den anderen herum, es war, als strenge sich der andere an, aus dem Haufen der Worte rings um ihn herum hervorzukriechen.

Er gab viel Geld dafür her, daß er wieder gewählt würde, er verriet Freunde und Verwandte deshalb. Derartige Menschen hat es immer gegeben; seit Plautus, und schon lange vorher, gehen sie durch alle Komödien hindurch. Das ist nur möglich, wo es eine Gemeinschaft gibt: fast in jedem Menschen ist ein wenig von einem verräterischen Ehrgeizigen, wie der Abgeordnete C. einer war. Dieses Wenige will sich zu einem Ganzen gestalten, es sammelt sich in einem Einzelnen deutlich, dieser eine verwirklicht dann das, was in allen ein wenig ist, er nimmt es ihnen ab, und darum ist man in einer solchen Gemeinschaft auch nicht feindlich gegen diesen Einzelnen, man lacht über ihn, man macht ihn zur

Person einer Komödie, man lacht über sich selbst, indem man über ihn lacht.

C. ist imstande, ein paar Goldoni-Szenen um sich hervorzurufen, er existiert, und auf seine Existenz wird geantwortet, er agiert, und man reagiert auf ihn. Das ist kein Sartre-Mensch, der Sartre-Mensch ist nicht verräterisch-ehrgeizig, um es zu *sein*, sondern, um mit dem Schäbig-Ehrgeizigen sein Nichts auszufüllen, – dieser Abgeordnete C. aber *ist* verräterisch-ehrgeizig, er ist *der* Verräterisch-Ehrgeizige, die Eigenschaft bedeutet hier nichts anderes, er ist so, wie er scheint.

Ich drehte mich ein wenig gegen das Nebentischchen, wo er saß, weil ich von dort zwei Dinge hell gegeneinander schlagen hörte: C. schlug ein paar Eier gegen den Glasrand und löffelte sie sorgfältig ins Glas. Der Kellner schüttete ein Gläschen Cognac dazu, und als er fortgegangen war, zog C. noch ein Päckchen mit Schinken aus seiner Aktenmappe.

War das der Ton des Sartreschen Nichts? Das war der Ton des Hühnerhofes und des Kellners und auch der hellschimpfenden Frau, die unzufrieden ist mit C., weil er im Café Geld ausgegeben hat für den Cognac, anstatt zu den Eiern und zu dem Schinken von daheim auch die selbstgebrannte Grappa mitzunehmen. Es mag viel in den Abgrund des Nichts geworfen werden, aber es gibt doch noch Männer wie C., die immer mehr noch aus ihm herausbringen als hineingeworfen wird: Eier, Schinken, Cognac und die helle Stimme einer schimpfenden Frau.

31. Juli

Es ist wohltuend, entlang der Seite des Domes zu gehen, es ist, als ob die Wand einem vorauswandere, man merkt kaum, daß man selber geht, es ist, als ob man mit dieser Wand schließlich bei einem anderen Dom anlange, man geht wie an der großen Straße der Dome.

Beim Mittagessen traf ich wieder M. K. Nachher wollte er etwas über Jeremias Gotthelf von mir wissen. Ich antwortete, daß ich nicht dazu komme, etwas über ihn zu sagen: er, Gotthelf, sagt über mich, er urteilt über mich, es ist gleichgültig, ob ich ihm nahekomme oder nicht, es kommt allein auf ihn an, ob er mich zu sich läßt oder nicht, er ist souverän. Wir brauchen Dichter, die über uns urteilen, nicht solche, über die wir urteilen, die erst dadurch leben, daß wir über sie urteilen.

Nachmittags im Kloster S. Marco: die Bilder des Fra Angelico haben etwas Schmetterlingshaftes wie die der frühen Sienesen. Manche sind wie tropische Schmetterlinge, ihre Farben scheinen zu wechseln. Es ist etwas von der Art Henri Rousseaus in diesen Bildern. Henri Rousseau, in die seligen Gefilde versetzt, würde so malen. Die Bilder begleiten einen immer in der Erinnerung, wie Schmetterlinge einen begleiten, daß man nicht weiß, sind sie hinter einem geblieben oder schon lange voraus: plötzlich ist ein neuer wieder vor einem, sie sind immer um uns, auch wenn wir sie nicht sehen. So sind diese Bilder: nicht etwas, das der Mensch sucht, sondern etwas, das auf ihn zufliegt, von dem er aufgesucht wird, auch wenn er es nicht will.

Die Gesichter auf den Bildern ähneln einander alle, sie unterscheiden sich so wenig voneinander, daß es ist, als müsse es unendlich viele geben, als gebe es keine Grenze für ihre Zahl. Wären sie sehr unterschieden voneinander, so würden sie wie abgezählt, endlich erscheinen, durch die ausgeprägte Differenzierung wäre eine Grenze gesetzt.

Ich gehe durch die Zellen der Mönche. Umgrenzend, festhaltend ist so eine Zelle, mit einer Kraft, durch die Zelle hindurch anderes zu umgrenzen und festzuhalten. Die Zeit geht nicht weiter, sie geht immer um die vier Wände der Zelle herum, sie bewegt sich um sich selbst. Diese Zellen der Mönche hängen wie schwere viereckige Gewichte an dem Raum und an der Zeit.

1. August

Im Café Giubbe Rosse saß heute an der Wand eine dicke Gestalt, fast unbeweglich wie ein böser Auswuchs der Wand. Sie saß viele Stunden lang da, das Fett schien langsam zu wachsen um sie herum und sie bewegte sich kaum, als würde sonst das wachsende Fett gestört. Es war kein freundliches Fett, das noch die Freundlichkeit und die Zutraulichkeit von den guten Dingen des Essens an sich hatte, es war ein böses Fett, das sich unwillig um die Frau herumwand. Sie saß in ihrem Fett wie in einer weißlichen Bettdecke eingewickelt, der Kopf konnte sich nicht leicht aus den Fettdecken hochheben, er lehnte müde an der Wand.

Die Frau war früher Besitzerin eines Bordells gewesen. Ihre Augen waren zwei kleine Kugeln, die rings um den Kopf zu rollen schienen. Man merkte ihr an, wie sie einst in der Mitte des Bordelleinganges saß und mit ihren Augenkügelchen jeden sehen konnte, der vorbeiging, ohne den Kopf zu wenden, durch Türen und Wände hindurch bewegten sich die Kügelchen in alle Zimmer des Hauses und wieder zurück zu ihr. Aber da sie ein Mensch war, immer noch ein Mensch und nicht eine Apparatur, so bekam sie eine Antwort auf ihr Tun: wie sie die Mädchen in ihrem Haus erdrückt und denaturiert hatte, so war sie nun selber durch das Fett erdrückt und denaturiert.

Die dicke Gestalt rauchte Cigaretten, es war, als ob das Fett anfange zu dampfen. Sie hatte rötlich gefärbte Haare, das Haar saß auf ihr, als hätte ein Knabe es zum Scherz an einer Schnur heruntergelassen, als Haube auf ihrem Kopf.

Ein alter Mann ging vorbei, und im Vorbeigehen hob er den Rest einer Cigarette auf, der unter dem Tischchen der dicken Frau lag. Die dicke Frau nahm ein Päckchen Camel-Cigaretten, das auf dem Tischchen lag, und reichte es dem alten Mann. Er nahm nur eine einzige Cigarette heraus, dankte und gab ihr das Päckchen wieder zurück. Die Frau zündete ihr Feuerzeug an und hielt es dem alten Manne hin. Von einem Augenblick zum anderen wurde der arme Mann ein Herr und das böse Fett eine Frau.

3. August

Ich bin oft am Palazzo Vecchio, am Palazzo Pitti, am Palazzo Medici, am Dom, an S. Croce vorbeigegangen, – es ist in diesen Bauten etwas, das über den Menschen hinausgeht, etwas aus einer Sphäre, die über dem Menschen ist, es ist mir immer, als sei hier vom Menschen mit einem Ruck plötzlich jene Sphäre erreicht. Dieses Mehr, das auf den Menschen hinzukommt, beglückt einen.

In einem Bau von heute ist nur das darin, was notwendig ist, nichts Überfließendes ist da, nichts von dem, was zum bloß Notwendigen hinzukommt. Kein Überfluß, der beglückt. Es reicht gerade, daß der Bau nach den Gesetzen der Statik aufrecht stehen kann, ein kleiner Stoß und er würde sich ineinanderschieben, zusammenklappen.

Am Abend wieder bei Frau S. Sie zeigte mir die Figur eines griechischen Jünglings aus dem 6. Jahrhundert. Ein Lächeln war im ganzen Gesicht. Die Götter hatten ihm dieses Lächeln in den Mund geträufelt und die Wangen hielten sich daneben als Schalen hin, daß nichts von dem Lächeln verloren gehe.

Im Gardasee bei Sirmione entspringt nahe am Ufer, aber im See, die Boiola, eine warme Quelle, die langsam nach oben ihr Wasser ausschüttet: so ist das Lächeln in diesem Gesicht, langsam quillt es herauf und kommt durch die Öffnung des Mundes zum Vorschein, und Augen, Wangen und Nase werden ein wenig belebt von diesem Lächeln, wie das Wasser des Sees von dem heraufkommenden Quell.

4. August

Ich gehe den Corso Garibaldi hinunter zum etruskischen Tor. So mächtig ist es: nicht nur die Menschen, die Erde selber wird von diesem Torgemäuer festgehalten. Das Tor mit den Mauern an der Seite und den Bögen in den Mauern ist imstande, das Härteste zu zerdrücken. Das Tor ist nur der Rest einer Mauer, die einst um die ganze etruskische Stadt herumging. Es war, als ob zum ersten Mal hier die Erde zum Bleiben, zum *Da*sein gezwungen worden sei. Das *Da*sein wurde hier zum ersten Mal festgemauert.

Die Kirche S. Angelo oben: sie ist ein runder Bau, aus dem 5. oder 6. Jahrhundert, nicht hoch, so, als hätte er sich eben aus der Erde herausgehoben, sich aus ihr heraufgedrückt, es ist wie die Geburt der Erde nach oben.

Das Portal der Kirche ist nicht bloß eine Öffnung, es ist ein Einbruch in die Mauer: in das ganz und gar andere des Überirdischen kann man nicht durch eine Öffnung schlüpfen, nur durch einen Stoß hineinbrechen.

Ich sah noch keine Kirche, die so sehr nur für Gott gebaut ist wie diese, hinaufgebaut zu ihm, sie ist primär ein Gotteshaus, ein Haus Gottes für ihn, der Mensch ist hier wie etwas, das nicht in diesen Bau hinein darf, da Gott in ihm noch allein ist.

Oben auf der Piazza Rossi Scotti: hügeliges Land liegt vor mir unten, überall. Das Hügelige ist hier mächtig, die Erde ist nur als Hügel da, die Urstätte aller Hügel der Erde ist hier, als würden sie hier für die ganze Erde erzeugt. Ich gehe weiter aufs Feld; die Stadt, Perugia, liegt getrennt von den andern Hügeln, allein. Von unten drängt schon die Erde nach aufwärts, als wolle sie sich allmählich über die Stadt hinaus bewegen, sie bedecken, eine neue Stadt entsteht über der alten und wieder wird Erde nachdrängen: werden hier wie einst in Troja sieben Schichten von Städten übereinander liegen?

Vor dem Palazzo Comunale, – nein, keine neue Schicht einer Stadt wird es wagen, sich über diesen Bau zu legen. Wie ein zyklopischer Klotz, in die Stadt von oben hineingeworfen, steht der Bau da. Viele Häuser, in der Nähe, fliehen vor dem fallenden Klotz.

Hier gibt es keine Geschichte mehr, es ist gleichgültig, daß der Bau von Giacomo di Servadio und von Giovanello di Benvenuto im Jahre 1293 begonnen und 1443 vollendet wurde. Sein *Da*sein hat alle Geschichte aufgesogen.

Gegenwärtig da, wie der Palazzo selber, ist auch der Greif an ihm und der Löwe. Nichts ist an der Wand als sie, alles andere ist von ihrem Dasein weggedrückt.

Der Brunnen vor dem Palazzo hat drei Becken übereinander, das Wasser fließt von einem Becken zum anderen herab, mit dem sanften Geräusch des immer an die gleiche Stelle fallenden Wassers. Dieser Brunnen ist wie der Palast ein Zeichen der Dauer: das Geräusch des Brunnens ist so fest in der Luft darin, daß aus ihm das Wasser herabfallen würde, selbst wenn die Quelle in der Ferne aufhören würde zu fließen.

Der Platz, auf dem der Brunnen steht, ist wie unabhängig von den Gebäuden, die um ihn herum sind. Ein

Platz ist ein ursprüngliches Phänomen, wie ein Brunnen, die Straße, das Haus. Dieser Platz ist so autonom, daß es scheint, als hätten ihn nicht die Bauten ringsherum geformt, sondern als hätte der Platz die Bauten zu sich heranbefohlen. Man spürt, daß man eine Grenze überschreitet, wenn man zu ihm hin sich bewegt.

Ganz anders sind die Anlagen, die Plätze, in den Städten heute, sie sind Einschiebsel, wie von irgendwoher abgeladen, die der Mensch vergrößern, nein, auseinanderschieben kann, wenn es ihm paßt, und wieder zusammenklappen. Und er selber, der Mensch, geht wie nebenbei darüber, oder wie über etwas, in das er sich verirrt hat.

Es ist Markt, den ganzen Corso Vanucci entlang bis zum Dom und die Straßen hinunter bis zur Piazza Garibaldi sind Stände mit Waren, die Plätze beim Dom sind jetzt Lager von Geschirr und Werkzeug. Ein Geräusch von Worten ist dauernd über den Menschen, das Geräusch ist wie etwas Selbständiges. Die Menschen, die zwischen den Ständen stehen und gehen, sind gar nicht wie zu den Ständen gekommen, es ist, als hätten sie von allem Anfang an zu den Ständen gehört, ausgepackt wie die Waren, mit ihnen. Trotzdem, – unmittelbar begegnet hier auf dem Markt der Mensch den Dingen: eine Aluminiumpfanne, am Markte gekauft, ist wie ein Werkzeug, das sich Robinson auf der einsamen Insel verfertigt.

Ich gehe wieder von der Piazza hinab zum etruskischen Bogen. So fest drückt das Tor auf die Erde: es ist, als gehe es unter der Erde noch weiter, gegen alles drückt es sich durch, irgend etwas unter der Erde wurde zerstampft, wie ein Grabmal über dem Zerstampften ist das Tor.

Die Luft zwischen dem Bogen, auch sie, erscheint zerdrückt mit allem, was in ihr war, sie ist leer geworden, nochmals leer. Dieses Tor ist nicht der Erde aufgesetzt, es steht in ihr darin, die Erde ist einbezogen in das Tor, die Erde arbeitete mit am dem Tor.

In der Galleria Nazionale dell'Umbria: Sienesische Maler des 14. Jahrhunderts, die Goldgrundbilder, – ist das nicht mehr als bloß gemalt? So ist es, wenn die Heiligen sich der Welt zeigen.

Die Heiligen kamen aus dem Goldgrund hervor, ein Teil der unsichtbaren Welt, hier am Goldgrund wurden sie sichtbar.

Die Umrisse der Figuren sind Striche über dem Gold, Zauberstriche, durch die die Heiligen erschienen.

Es scheint, daß der Goldgrund heute nicht mehr der Hintergrund ist, vor dem die Heiligen erscheinen, sondern eher die Wand, hinter der sie verschwinden.

Zuerst, wenn man vor solch ein Bild kommt, ist alles Wort wie weggesogen aus einem, ins Bild. Man ist allein, ohne das Wort, allein mit dem eigenen Schweigen, vor dem Schweigen des Bildes.

Aber aus der Fülle des Schweigens vor dem Bild bekommt man das Wort wieder wie zum ersten Mal. Durch das Bild kann nicht nur das Wort, sondern der ganze Mensch wieder erneuert werden. Man könnte versuchen, bestimmte Krankheiten des Menschen zu heilen vom Bilde her.

Vom Bild überhaupt: die Dinge, die außerhalb des Bildes materienhaft herumliegen, werden durch das Bild aufgelockert, sie werden schwebend, durchsichtig gemacht. Die materienhaften Dinge werden im Bilde verwandelt und der Seele adäquat. Die Bilder tun der Seele wohl, denn die Seele lebt selbst in Bildern und von den Bildern, die Bilder, die ihr zugeführt werden, sind eine Nahrung für sie. Wilhelm Hausenstein sagt in der Schrift »Was bedeutet die moderne Kunst?«, daß die moderne Kunst den Menschen traurig mache. Das ist richtig: in der modernen Kunst gibt es kaum mehr Bilder, es gibt nur Kombinationen von Teilen der Dinge, die Seele wird betrogen durch diese Pseudo-Bilder, darum ist sie traurig.

4. August

In der Frühe auf der Terrasse vor dem Hotel Brufani: kleine Hügel kommen aus dem Nebel heraus und tauchen wieder unter, wie Fische einen Augenblick über der Fläche des Sees.

Auf dem Corso Vanucci: die Gesichter der Frauen auf der Straße sind wie die Gesichter auf den Bildern der frühen sienesischen Maler. Eine junge Frau geht langsam von einem Marktstand zum anderen, ihr Gesicht ist oval, wie die Bahn, die das Gestirn am Gewölbe des Himmels macht, ihr Auge schaute der Weite der Bahn nach. Plötzlich bückte sie sich herab, – dieses rasche Bücken war so, als ob ein Vogel plötzlich herabgestürzt sei vom Gewölbe des Himmels auf den Boden der Erde.

Jetzt bin ich auf dem Geschirrmarkt beim Palazzo Comunale, die farbigen grünen und blauen Töpfe liegen auf dem Boden da wie Früchte des Bodens. Die Erde ist in den irdenen Krügen, sie ist auch in ihrer Rundlichkeit, es ist wie Erde, die so wuchs, Erde, die noch einmal sich hier rund machte.

Es ist schön, wie solch ein Krug festhält, was innen ist, und zugleich davon hergibt, Halten und Geben ist eines; sicher ist das Halten in diesen Krügen und sicher das Geben.

Bettler sitzen überall herum, Krüppel, Mißgestaltete sind es, die betteln. Es kann in einer Welt, die gebrochen ist seit dem Sündenfall, nicht nur Gesunde und Glückliche geben. Der Tod ist aus jenem Bruch herausgesprungen zu den Menschen hin und mit ihm das Leid und die Krankheit. Der Krüppel, der Anormale, ist das Zickzack des Bruches in der Gestalt des Menschen. Die Welt würde auseinanderreißen, wenn der Sprung nicht den Raum hätte, sich in die Gestalt des Menschen hinein zu verbreiten.

Es ist zehn Uhr vormittags, ich bin wieder auf der Terrasse beim Hotel Brufani. Die Hügel in der Ebene liegen jetzt deutlich da, der Nebel ist verschwunden, die Hügel liegen nebeneinander wie Tiere, die eine Last gebracht und abgeladen haben.

Ich fahre mit der Bahn nach Ponte S. Giovanni und gehe von dort zu Fuß nach dem Etruskergrab der Volumnier. Es hat die Form eines römischen Hauses. Man wird nicht traurig, eher heiter in dem Grabhaus. Es ist, als sei der Tod nur das untere Stockwerk des Lebens.

Ich gehe zu Fuß zurück nach Perugia. Perugia ist in der unteren Stadt mit Bauten der modernen Architektur besetzt, nein: okkupiert. Diese neuen Bauten haben in ihrer Aufdringlichkeit, ihrer Nacktheit, etwas Obszönes.

Gegen Foligno zu, in der Ferne, wo am Horizont der Himmel herunterkommt, wird die Erde weit, der Himmel scheint am Horizont sich gegen die Erde hin zu wenden, um sich auf ihr auszubreiten, die Fläche der Erde macht sich weit für ihn.

In dem Café neben dem Palazzo Comunale: an der Wand hinten saß an einem Tischchen »der Diplomat«, wie der Bürger am Ende des 19. Jahrhunderts ihn sich vorstellte, er war wie noch nachträglich produziert von dieser Vorstellung, nichts fehlte, auch nicht das Monokel. Er kam sich von überallher angeschaut vor und er nickte plötzlich mit dem Kopf gegen ein Tischchen neben ihm, grüßend, und gegen eines bei der Türe, an denen niemand saß. Seine Augen waren unheimlich: wie durchsichtiges Fleisch.

5. August

Wieder in der Bildergalerie, vor einem Bild von Piero della Francesca, Madonna und Heilige: die Dinge auf dem Bilde, die Gestalten, ihre Gesichter, die Bäume und Felsen sind deutlich da, aber es ist, als ob vor einem die Gesichter langsam sich noch mehr entfalten und als ob uns von jener Zeit gezeigt würde, in der alles langsame Werden geschieht, das Aufstehen eines Halmes aus einem Samenkorn, das Sichöffnen einer Blume, das Sichsammeln der aufsteigenden Feuchtigkeit zu einer Regenwolke. Das ist die Zeit, die der Dauer und der Ewigkeit nahe ist.

Ich betrachte wieder die Gesichter der Menschen auf der Straße. Sie sind auch hier vordergründig, es ist keine falsche Tiefe da, es ist nichts da im Innern, das sich nicht auf ein Äußeres bezöge, jeder Affekt hat das Objekt, zu dem er gehört, er ist nicht in sich selbst, sondern nach vorne zum Andern hin gebunden, hier ist nichts zu psychoanalysieren. Das Zusammensein mit dem Menschen des Unterbewußtseins macht einen nicht zufrieden, ein solcher Mensch ist nie ganz bei einem und auch nie ganz bei sich selber, der Italiener ist immer bei dem anderen ganz, und ganz auch bei sich.

GUBBIO

8. August

Ich fahre mit dem Postauto von Perugia nach Gubbio. Es ist in der Dämmerung des Morgens, die Lichter des Wagens sind noch angezündet. Links von mir, auf der anderen Seite des Ganges, sitzen zwei Amerikaner einander gegenüber, daneben ein Neger, alle drei sind wahrscheinlich Studenten der Ausländer-Universität in Perugia.

Es ist also noch fast dunkel, aber dort, wo das Gesicht des Negers ist, ist es wie der Eingang in einen Tunnel, und wenn die sehr weiße Bindehaut seiner Augen aufblitzt, scheint es, als ob wir rasch an einem Licht im Tunnel vorbeiführen.

Der eine Amerikaner redet ein paar Worte vor sich hin, dann vergehen einige Augenblicke, manchmal auch einige Minuten, bis der andere ein paar Worte vor sich herabfallen läßt, das geht immer so hin und her, es ist, als ob die beiden ein Schachspiel vor sich auf den Knien hätten und zu den Zügen die paar Worte sprächen. Manchmal wirft der Neger einen kurzen Satz hin, dann folgen die Worte der beiden einander rascher. Es ist, als hielte der Neger die zwei fest, wie durch eine mechanische Apparatur, eine Zeitlang gibt die Apparatur Worte und Sätze aus sich heraus, dann läuft sich der Mechanismus ab, die Worte kommen spärlicher, der Neger wirft wieder seinen Satz hinein, wie ein Geldstück in einen Automaten, und die Worte fallen wieder aus den beiden heraus. Die beiden bewegen sich kaum, – aber der Neger: in der raschen Bewegung seiner Augen, in dem schnellen Wechsel von Schwarz und Weiß zwischen den Augenlidern ist mehr Bewegung und Kraft, als in der Bewegung und Kraft der Arme sein können.

Jetzt ist es heller. Die Tiberebene mit ihren Hügeln wird deutlich, die Ebene geht an der einen Seite eines Hügels hinauf und an der anderen wieder hinab, und hinauf wieder beim nächsten und wieder hinab und so fort, – von dieser Bewegung sind wir mitbewegt, wir merken nicht, daß wir durch den Motor eines Wagens vorwärtskommen.

Von der Piazza Vittorio Emanuele in Gubbio, wo wir aussteigen, ist die Stadt steil nach oben gebaut, bis zum Monte Ingino hin, dessen Felsen streng und bös den Häusern, die von unten auf ihn zukommen, entgegengehen. Die Felsen sind zusammengefaßt, als ob sie zu etwas Bestimmtem hindrängten. Bei den Häusern ist alles offen da, sie *sind* das, was man von ihnen sieht, – aber bei der bösen Wand der Felsen ist es, als sei sie nur eine Vorderwand, der Anfang, und als habe sie hinter sich, hinter ihrer Fläche, noch Mächtigeres, Grausames. Die Felsen kommen so entschieden gegen die Stadt herab, daß es scheint, es hänge nur von ihnen ab, ob sie noch weiter nach unten gegen die Häuser sich bewegen. Der Felsberg hat die Macht über die Häuser, es ist, als wolle er sie zu sich heraufholen und sie in das verwandeln, was er selber ist: in Felsen, – ist die oberste Reihe der Häuser schon weggenommen, verwandelt? Ein Abgrund, so schien mir, sei zwischen den Felsen und den Häusern, die jetzt die obersten sind. Die Stadt steht wie unter der Verfluchung des Felsberges. Geschah der Stadt Ähnliches, wie bei der Insel der Phäaken dem Schiff, das Odysseus gegen Poseidons Willen nach Ithaka brachte und das vom Zorn des Gottes in einen Felsen verwandelt wurde? Es ist, als nähre sich der Felsberg von den Häusern und sauge ihren Grund zu sich herauf, so daß sie an manchen Stellen zusammenfallen.

Ich gehe von der Piazza steil hinauf in die Via Baldassini an alten Palästen vorbei, manche von ihnen haben neben dem Hauptportal noch ein schmaleres Tor mit einer Schwelle, die heftig das schmale Tor trennt von der Straße, »la porta del morto«, das Totentor. Einst war es nur offen, wenn ein Toter herausgetragen wurde. Nur durch das schmale Tor ließ ihn das Haus aus sich heraus, als versuche es, durch die hohe Schwelle am Boden, den Gang des Toten aus ihm zu verzögern und ihn mit den engen Seiten des Tores noch einmal zu umfassen.

Männer stehen überall beieinander vor den Häusern und auf den Plätzen oder gehen sehr langsam durch die Straße, als erwarteten sie bei jedem Schritt, daß jemand auf sie zukomme und dann mit ihnen stehenbleibe. Ich hatte gemeint, die Männer hier würden bedrückt sein. Aber die Männer kümmerten sich nicht um die felsige Drohung, sie bewegten sich nicht zu ihr hin und nicht von ihr weg, die Felsen waren für sich und die Menschen waren für sich, sie wußten, daß die Felsen am sichersten bei sich selber sich hielten, wenn der Mensch ganz bei sich selber bliebe. In sein eigenes Wesen sich einschließend, war er besser geschützt, als wenn er, sein Wesen verlassend, in Angst den Felsen entgegenginge und sich in der auflösenden Angst mit dem Gefährdenden vermischte. Die felsige Drohung war nahe, sie selber aber lebten ferne von ihr, wie Fremde, und so kam es, daß die Männer mir wie Fremde erschienen, Fremde in ihrer eigenen Stadt, Fremde wie ich, nur zufällig hier, und doch waren sie Männer dieser Stadt, nur dieser Stadt. Es war wohltuend, daß der Mensch unabhängig lebte von der Drohung über ihm, er kümmerte sich nicht um sie, er baute das Land an, schnitt die Reben, kaufte und verkaufte, hatte Kinder, Feuer im Herd, Streit mit den Nachbarn und wieder Frieden, Krankheit, Tod, – *daraus* kam sein Schicksal, daraus wollte er es haben, nicht aus dem Felsen.

Vielleicht hätte man meinen können, das Leben der Menschen hier sei darum davor bewahrt geblieben, Routine zu werden, weil es immer die felsige Drohung über sich hatte, so daß es jeden Tag neu gegen sie geschaffen werden müßte. Ja, das Leben dieser Menschen hier war ohne Routine, aber aus einem ganz anderen Grunde: das Leben der Menschen hier war so ärmlich, so von der Armut her bestimmt, daß jeder Tag wie der erste Tag war, der wieder mit dem Nichts anfing, von vorne, es gab hier so wenig Besitz, so wenig Dinge, daß es ein Ereignis war, wenn ein Ding zu einem kam: die Armut machte es, daß der Mensch mit den Dingen nicht in der Routine umging.

Jetzt stehe ich vor dem Palazzo dei Consoli, dem Palast der Regierenden, aus dem 14. Jahrhundert. Der Bau ist voller Macht, selber drohend, jeder Bewegung von außen widerstehend und doch leicht in sich bewegt durch die Vorsprünge an der Fassade und durch die Bögen über den Fenstern. Es ist, als wirke der Bau bald mehr mit dem Festen, Massigen, bald mehr mit dem Leichten, Spielerischen. Das ist die Souveränität des Baues, daß er über beides verfügt.

Rechts oben vom Palazzo dei Consoli ist der Monte Ingino, der die Häuser der Stadt verfelsen will; links unter dem Palazzo, tief unten, ist der große Platz, wo wir ankamen und von wo ich zum erstenmal die Drohung des Monte Ingino sah. Viel zu weit erscheint der Platz, wie entleert, als ob die Häuser, die einst auf ihm standen, weggebracht worden wären, wie man vor einer herabdrohenden Lawine das Vieh wegbringt und die Geräte. Nur die Kirche S. Francesco war geblieben und, weiter entfernt noch, am unteren Rande, ein Wirtshaus, in der Mitte des Platzes aber stand ein Kriegerdenkmal aus unserer Zeit.

Jetzt also bin ich, hoch über dem leeren Platz, vor dem Palazzo dei Consoli, der ungefähr in der Mitte steht zwischen dem Platz unten und dem mächtigen Felsberg oben. In diesem Palazzo dei Consoli ist soviel Schwere und Beweglichkeit zugleich, daß er gegen jede Verzauberung, gegen jede Verfelsung, gefeit war: in tausend andere Formen hätte er sich selbst verwandelt, – das war *sein* Zauber, und er war mächtiger als jener, der von den Felsen kam, in tausend sich verwandelnden Formen wäre er dem feindlichen Zauber entkommen.

Von der Loggia des Palazzo dei Consoli sieht man hinab in die Ebene und auf die Berge, die sich hinter ihr wie die Ränge eines Theaters übereinander erheben. Die Ebene ist wie entleert und die Berge sind kahl, als ob sie sich blind gesehen hätten an der Stadt und dem Felsberg vor ihnen.

Im Museum des Palazzo dei Consoli sind die eugubinischen Tafeln, sieben bronzene Tafeln, fünf davon in umbrischer Sprache und Schrift, die zwei anderen lateinisch, es sind Stücke von Gebeten und liturgischen Vorschriften. Es ist, als hätte das Erz dagegen gekämpft, die Buchstaben aufzunehmen, man sieht es einigen Linien an, wie sie sich haben hineinwürgen müssen, aber sie stehen jetzt so sicher im Erz darin, als hätte das Erz selber sie aus sich herausgestellt, als seien sie immer in Erz gewesen: Worte, den Göttern gehörend, zu schwer für das Papier, sie würden, auf es geschrieben, das Papier auseinanderreißen, Worte, um die die Luft zu Erz gerann.

Am Ausgang des Museums kommt ein Mann auf mich zu mit einem schwarzen Schlapphut, einer Samtjacke, Lavallière-Cravatte, er hatte einen Zwicker an einer Schnur und ein braunes Schnäuzchen, Schnur und Schnäuzchen hingen über weißliches Fleisch herab, er sah aus wie ein Maler um 1900 in München. Er habe, sagte er zu mir, eine Sammlung von alten Fayencetellern, die er mir zeigen wolle. Wir gingen in sein Haus, der Hausgang war schmal, an seinem Ende gingen rechts und links die Bogen einer Renaissance-Treppe in die Höhe, aus bläulichem Marmor. Die Marmortreppe führte oben nicht, wie ich erwartete, in einen breiten Raum, sie schien gar nicht mit dem Haus verbunden, sie war wie eingestellt, wie man ein Möbel zur Aufbewahrung bei einem Spediteur einstellt.

Die Wände des Zimmers waren voll von den farbigen Tellern, sie waren auf Schäften längs den vier Wänden aufgestellt, es war wie eine Tapete aus farbigen Tellern.

Der Mann sagte, alle diese Teller und Krüge hätten bis vor einem halben Jahr dem Weinhändler Guido Morfanti hier in Gubbio gehört, und er, der Morfanti, habe noch viel mehr gehabt. Seit über 60 Jahren habe er sie bei seinen Geschäftsreisen aus Gutshäusern und Wirtschaften zusammengebracht, und von jedem Teller in ein besonderes Buch, das er das Tellerbuch hieß, aufgeschrieben, wann er ihn gekauft habe, für wieviel Geld und von wem, und als er 84 Jahre alt geworden sei, habe er angefangen, immer an den Sonntagnachmittagen, zu den Leuten hinzufahren, bei denen er die Teller und Krüge gekauft hatte, er habe sie gefragt, ob sie die Teller wieder zurückkaufen wollten zum gleichen Preis, den er einst dafür bezahlt hatte, meistens seien nur noch die Söhne, und oft nur die Enkel des Verkäufers von früher am Leben gewesen. Manche hätten gern wieder den Teller zu sich genommen, der ihnen einst gehört hatte, viele hätten sich gewundert über den alten Mann mit dem Teller in der Hand, und sie seien mißtrauisch geworden. Es waren noch über hundertzwanzig Teller bei ihm geblieben, als er starb, und da er keine Kinder hinterließ, so wurden die Teller versteigert, er habe sie erworben, er hätte schon hie und da ein Stück oder zwei verkaufen können, aber so wie sie beim Tode des Guido Morfanti beieinander waren, so sollten sie es auch bleiben, er verkaufe sie nur alle miteinander.

Vom Palazzo dei Consoli gehe ich wieder zurück durch die Via Baldassini mit ihren alten Palästen. Eine Beziehung scheint mir zu bestehen zwischen der Zeit, der von Stunde zu Stunde ablaufenden Zeit, ihrer Bewegung vorwärts, und den dicken Steinquadern, die abwärts, zurück in den Boden, sich drücken. Alles an ihnen scheint einwärts, nach innen, gezogen zu werden, so sehr, daß es ist, als würden überhaupt alle Dinge, die nach außen, vorwärts sich bewegen, zurückgerissen und mit hineingezogen in die Steine: wie Bremsklötze an der weglaufenden Zeit sind diese Steinblöcke der Paläste.

Ich gehe weiter, hinauf zur Porta Metauro, wo an einer

Schlucht der Rand der Stadt und der Rand des Felsberges einander berühren. Die Stadt schien weggedrängt, geduckt, der Felsberg stand wie allein da, als sei er eben aus der Wand des Himmels, die hinter ihm ist, herausgestürzt. Es war, als ob ein schweres Schicksal, das zwischen Himmel und Erde hineinbrach, hier aufgehalten worden sei von den Göttern, verfelst von ihnen: verfelstes Schicksal, das war der Felsberg über der Stadt.

Von der linken Seite her, sehe ich jetzt, kommt der Wald auf die Felsen zu, er fängt an, sie zu überwachsen, als solle der Überfall der Felsen auf die Stadt zugedeckt, vergessen werden. Ganz unverdeckt, ganz ohne den Wald, ohne das Mildernde seiner Decke, wäre die Drohung des Felsberges über der Stadt *zu* denkmalshaft und sie hätte jenen plötzlich sich zeigenden Schein des Unwirklichen, der um fast alles Denkmalhafte ist; so unverdeckt, hätte das verfelste Schicksal von der Wahrheit seiner Erscheinung verloren, wie eine antike Statue, als Denkmal aufgestellt inmitten der Autos eines Bahnhofplatzes, an Evidenz verliert. –

Durch die via Cattedrale komme ich zum Dom, er stammt aus dem 13. Jahrhundert. Innen ist ein einziger Raum, ein einziges Schiff, zehn gotische Spitzbogen kommen von seinen Seiten und bewegen sich hin zum Dach, das sie tragen. Der Raum ist fast dunkel. Vom Ewigen Licht im Chor bewegt sich ein wenig Helligkeit in den oberen Teil des Raumes, unter ihm ist die Schicht des Dunkels, sie ist wie aufgehängt an der Helligkeit über ihr. Ich bin wie auf einem Schiff, das unter dem Wasser ist und auf dessen gläsernes Dach das Licht der Sonne fällt, aber das Licht ist, gebrochen durch das Wasser, nicht mehr Licht, nur helleres Wasser.

Ich gehe hinaus aus der Kathedrale zum Palazzo Ducale gegenüber, gebaut von Federigo da Montefeltro, dem Fürsten von Urbino. Aber ich hatte nur einen Augenblick in den Säulenhof hineingeschaut, da kehrte ich wieder um, zurück in die Kathedrale. Es ist ganz still in ihr. Die zehn Bogen, die im halben Dunkel den Raum umfassen, sind wie der Anfang eines Tunnels, von hier aus, so scheint es, schieben sich die Bogen weiter hinein in den Raum, das Licht im Chor geht ihnen ein wenig voran, die Bogen bewegen sich im Rhythmus des Tones, der im Lichte ist, und von unten hängt sich das Dunkel an sie, es schwebt mit.

ASSISI

14. August

Der Hügel, auf dem Assisi liegt, ist in der unteren Hälfte grün und dazwischen silbrig von den Olivenbäumen, dann fängt plötzlich das harte, hellbraune Gestein der Stadt an, das Gestein ist wie mit Gewalt aufgesetzt.

Die Erde erscheint dort, wo die Stadt ist, aufgerissen, die Steinmassen sind wie steinerne Eingeweide der Erde, aufwärtsdrohend gegen das Blau des Himmels über ihnen und bös auch drohend gegen das Grün der Erde unter ihnen, schwer daliegend, als wollten sie sich wieder zurückdrücken in die Erde, aus der sie kamen.

Aus den Steinmassen am äußersten Rande des Hügels erhebt sich das Kloster und die Kirche S. Francesco, mit breiten Mauern und Steinbögen beginnt sie. Der Bau ist mächtig, festungshaft.

Innen in S. Francesco: es ist nicht ein einziger Raum, das Innere ist vielräumig, es ist eine Versammlung von verschiedenen Raumgebilden, es scheint, als seien alle Formen des Raumes hier beieinander: der Raum der Erde wird hier in Besitz genommen. Von unten her dringt ein Dunkel herauf, von oben her das Licht, beides ist vermischt zu einem Halbdunkel, das den Raum noch weiter macht.

Über dieser Kirche erhebt sich, mit ihr durch eine Treppe verbunden, die obere Kirche. Sie ist hell, weggesiebt ist alles Dunkle, ganz und gar gefüllt mit Licht, wie auf Vorrat hin gefüllt.

Menschen in Gruppen gehen langsam in der unteren Kirche herum, ununterbrochen bewegen sich diese Gruppen durch die Kirche hindurch, verschwinden bei einer Säule und erscheinen auf einer anderen Seite wieder. Das Halbdunkel der unteren Kirche und die langsamen dunklen Gruppen sind fast eines.

Fast in allen Gesichtern ist dem Aussehen nach das Gewöhnliche. Das Gewöhnliche ihres Wesens und ihrer Umgebung haben die Menschen mitgebracht, unverändert wird es durch die Kirche getrieben, wie in der Welt draußen stoßen sie einander, sie drängen vorwärts, mehr als daß sie anhalten, die Bewegung durch die Kirche hindurch ist nichts als eine Fortsetzung der Bewegung in der Welt draußen. Das erscheint einem zuerst als ein Ärgernis. Aber bald sah ich ein, daß die Organisation, die die Menschen hier durchtreibt, dieses Mechanische, dem Menschen hilft: es wird eine Barriere geschaffen zwischen dem Gewöhnlichen und dem Ungewöhnlichen, zwischen dem gewöhnlichen Leben des Menschen in der Welt und dem Außergewöhnlichen des heiligen Franziskus. Die Organisation, die die Menschen in Autocars nach Assisi bringt und wieder durch eine Organisation, ja fast wie durch einen Mechanismus durch die Kirche S. Francesco hindurchbewegt, verhindert, daß man sich auf eine zu leichte Weise dem Außerordentlichen nähert. Außerhalb der Organisation ist der Einzelne in der Gefahr, sich durch das »Höhere«, das er hier vielleicht fühlt, mit dem Wesen des hl. Franziskus verwandt zu glauben; in dieser Gefahr ist der Einzelne hier, der nur seiner Subjektivität überlassen ist. Die Organisation aber, das Mechanische, ist hart, sie verhindert, daß man mit der Innerlichkeit zum Außerordentlichen hingleitet, das Außerordentliche wird vor der Zudringlichkeit des Gefühls, überhaupt vor der Nivellierung, geschützt. Das heißt nicht, daß hier keine Begegnung zwischen dem Gewöhnlichen und der Außerordentlichkeit des Heiligen sich ereignen könne, aber es ist nicht die Zudringlichkeit des Gefühls, die das zustande bringt, sondern das Gebet und die Gnade des Heiligen.

Der hl. Franz von Assisi war der ganz und gar Ungewöhnliche, ungewöhnlich durch die Unmittelbarkeit seiner Liebe zu Christus. Bei ihm gab es nicht mehr den *Weg* zu Christus, jeder Weg war aufgesogen in der Unmittelbarkeit. Es ist die Unmittelbarkeit *an sich*, die absolute Unmittelbarkeit, die bei diesem Heiligen ist. Diese absolute Unmittelbarkeit kann nur die Liebe sein, sie ist mit ihr identisch, denn die Liebe allein hat, wie die Unmittelbarkeit, keine Genese, keinen Weg und keine Geschichte; Genese, Weg und Geschichte sind aufgesogen im Sein der Liebe.

Kierkegaard sagte, Christus sei so gegenwärtig da, daß die zweitausend Jahre seit seinem Tode wie ungültig daneben seien, wie nicht vorhanden. Aber Kierkegaard mußte wahrscheinlich die zweitausend Jahre wegstoßen, um bei Christus zu sein, – bei Franziskus sind die Jahre von Christi Geburt bis zu seinem eigenen Leben verbrannt in der Liebe, wie überhaupt nicht dagewesen, seine eigene Zeit ist verbrannt und noch die Zeit bis zu unserer Gegenwart und darüber hinaus.

Pascal sagte, er wundere sich, daß ein Mensch es fertig bringe, nachts zu schlafen, wenn es ihm einfalle, daß Christus für ihn am Kreuz gestorben sei. Die Phantasie des Herzens und des Geistes wird bei diesem Gedanken ganz angefüllt mit den Bildern vom Tode Christi und mit den Bildern von unserer Schuld, so daß kein Platz mehr ist in uns für den Schlaf, – aber beim hl. Franz, in seiner Unmittelbarkeit, war das Wachen noch nicht vom Schlafen geschieden, im Wachen und im Schlafen war er in der gleichen Weise bei Christus, es war das Gleiche.

Die Fresken von Giotto aus dem Leben des Heiligen in der Kirche S. Francesco: eine so große Kraft zu erzählen ist in den Bildern, daß diese Kraft nicht aufgebraucht ist durch die Bilder, es ist, als würden die Bilder sich selber weitermalen, weiter Bild an Bild, wie die Geschichten der großen Dichter, zum Beispiel Herodots und Johann Peter Hebels, immer sich weiter erzählen, Geschichten sich den Geschichten erzählend, Geschichten den Geschichten zuhörend, nie aufhörende Geschichten.

Ich gehe wieder hinunter in die untere Kirche, immer noch bewegen sich die Gruppen der Menschen überall hin und her.

Würde heute einer Familie und Besitz verlassen wollen, um des hl. Franz willen, so müßte er zuallererst mißtrauisch gegen sich selbst sein. Denn heute wird so vieles verlassen, der Sprung weg vom Gewöhnlichen ist nicht mehr außergewöhnlich, ein Losreißen ist gar nicht mehr nötig, alles ist schon gelockert, schon weggesprungen, wie schon *vor*gesprungen, ehe der Einzelne herausspringt, er springt nur dem nach, was allgemein sich ablöst. Das Außergewöhnliche, daß einer das Gewöhnliche verläßt, aus einer Reihe herausspringt, ist gewöhnlich geworden. Man sieht, wie schwer unsere Situation heute ist: sogar das Außerordentliche ist nivelliert, undeutlich geworden.

Nur wenn einer sein ganzes Wesen mitnimmt in den Sprung zum Außerordentlichen, wenn seine Person nichts mehr ist als dieser Sprung selber, dann ist alle Nivellierung verschwunden, dann tut einer, wie zum ersten Mal, das Außergewöhnliche, er und das Außergewöhnliche sind dann eines.

Unversehrt von allem ist das Gebet, das hier in der Kirche S. Francesco sicher da ist. So sicher ist es da, daß es sich von selber fortbeten würde, auch wenn keine Menschen mehr da sind, die es beten. Mir scheint, primär sei hier das Gebet gewesen, das Gebet *vor* dem Menschen, ihm als Gnade gegeben, ihm schon von Oben vorgebetet, ihn, den zu Erschaffenden, erwartend.

Ich gehe am Tempel der Minerva vorbei durch die Porta Nuova hinunter ins Tal gegen den Bahnhof. Es ist Mittag, sehr heiß. Alles bewegt sich zueinander, die Rebgirlanden des Weinstocks strecken sich hin zum Maulbeerbaum, um den Stamm des Ölbaumes schwebt das Silbrige seiner Blätter wie ein flimmernder Dampf, das Blau des Himmels ist nahe der Krone der Bäume. Ein Vogel fliegt aus einem Erdgraben auf, in der Höhe macht er einen großen Bogen, es ist, als ob er mit diesem Bogen an das Gewölbe des Himmels schriebe.

Zwei weiße Ochsen kommen auf dem Feld links an einem Pflug mir entgegen. Ihr Rücken ist breit, wie die Ebene der Erde, sie tragen die Ebene der Erde auf ihrem Rücken, sie bewegen sich ein wenig nach rechts, dann ein wenig nach links und wieder nach rechts, immer hin und her, als ob sie die Ebene der Erde auf ihrem Rücken schaukelten. Diese weißen Tiere über der Erde sind wie lebende, wandelnde Hügel der Erde.

Ich bin jetzt im Tal, auf dem Wege nach Foligno, links oben ist Spello, rechts Montefalco und Trevi, etruskische Hügelstädte, sie sind grün fast bis an die Spitze des Hügels, dann ringsum besetzt mit Häusern und Mauern, es ist hellbraunes Gestein, wie ausgeglüht in einem Feuer, das von oben herabkam und den Hügel von oben verbrannte bis zu dem scharfen Rand des Grünen.

Diese Gestalt der Hügel: grün bis fast oben und dann plötzlich in etwas ganz anderes sich wendend, in das hellbraune Gestein der Stadt oben, – es ist wie bei den Zentauren, deren Pferdeleib plötzlich die Brust und den Kopf eines Menschen über sich hat, zentaurenartig sind diese etruskischen Hügelstädte.

15. August

Heute sagte der Freund, ihm scheine, die Zentauren, die Nymphen, die Dryaden, vielleicht auch die Schicksalsgöttinnen und die Erinnyen gehörten einer früheren Welt an, *vor* den olympischen Göttern, aber dann seien sie unter die Herrschaft der olympischen Götter gekommen, wie diese später unter die Herrschaft Christi gebracht worden seien. Er habe immer gemeint, daß die olympischen Götter noch lebten, die Ilias, die Odyssee, Aeschylos', Sophokles' Tragödien erschienen ihm wie eine Behausung der Götter, doch sie ständen unter Christi Herrschaft. »Aber jetzt«, könnte man fragen, »wo die Menschen sich abwenden von Christus, wo seine Herrschaft schwächer wird, werden die olympischen Götter wieder selbständig, werden sie wieder sichtbar?« – »Nein, die olympischen Götter rebellieren nicht wie die

Menschen gegen Christus, das ist ihr Adel, daß sie gegen ihren Herrn nicht rebellieren, die olympischen Götter sterben, wenn Christi Herrschaft anfängt, zu Ende zu gehen.«

SPOLETO

18. August

Ich gehe unten vom Fluß den Corso Garibaldi hinauf. Von überallher kommt einem der Zerfall entgegen. Es ist kein heftiger Zerfall, er ist nicht explosiv, er ist schwerfällig, oft kaum sichtbar und doch überall da, es ist *der* Zerfall, kaum noch vermischt mit der Erscheinung, mit den Dingen: ein kleines Stück Mauerbelag ist am zweiten Stock eines Palastes weggerissen, zerschlagene Ziegel liegen in einem Hausgang herum, daneben fehlt die Hälfte eines Haustores, in dem großen Ladenraum ist nichts als ein Tisch mit ein paar Zeitungen darauf, am gegenüberliegenden Haus sind nur die Namen bei der Glocke am Toreingang halb weggerissen, der Zerfall ist nur mit Zeichen angedeutet, als sei er, der Zerfall selber, an den Häusern vorbeigegangen und habe Zeichen gemacht, wo er sein wolle. Noch nie sah ich so viele Zeichen des Zerfalls beieinander, nur kleine Zeichen meistens, aber fast überall und jedes Zeichen verschieden, es ist wie eine Musterkarte des Zerfalls. Sammelt sich der Zerfall, ehe er ganz in die Erscheinung tritt?

Die Menschen bewegen sich nicht träge, wie man erwartet, sondern rasch und viele mit stoßartigen Gesten, als wollten sie etwas wegschieben, das gegen sie kommt. An der Piazza, wo Männer in Gruppen beieinanderstehen, ist es nie ein volles Beieinandersein, es ist, als fehle bei jeder Gruppe einer oder zwei, als seien einer oder zwei weggenommen, die Männer stehen da wie

Menschen, die ein wenig erschrecken, wenn sie merken, daß sie irgend etwas verloren.

Von der Piazza gehe ich den Corso Vittorio Emanuele entlang an einer Trattoria vorbei, zwei Tischchen sind mit Tellern und Bestecken gedeckt, ich meine, daß die zwei Menschen, die hier essen wollen, nie kommen, von der Wand schaut ein Spiegel breit auf die zwei Tischchen, die Tischchen werden noch einmal leer durch den Blick des Spiegels.

Eine Todesanzeige ist an einem Haus des Corso angeklebt, in fast jeder Straße ist sie an einem Haus, – so zeigt man in Italien oft den Tod eines Menschen an. Ein Mann von 26 Jahren ist ganz plötzlich an einer Krankheit gestorben.

Aber man meint: den Tod, den plötzlichen Tod, würde es hier gar nicht geben, der Tod sei hier ein langsames sich Entfernen, immer seltener stehe einer auf der Piazza, dann sitze er noch eine Zeitlang an einem Fenster seines Hauses, vielleicht gehe er noch ein paar Monate oder Jahre im Hintergrund des Zimmers hin und her, ein Schatten geht hin und her, und dann wartet, wieder nach einigen Monaten, ein Leichenwagen vor dem Haus und eine lange Reihe von Menschen; es ist, als sei der Leichenzug von weither gekommen und halte hier vor dem Hause nur an. So nur, meint man, könne der Tod sein in dieser Stadt. Aber der Tod ist wie überall und paßt sich dem Zerfall nicht an.

19. August

Ich merke sehr deutlich hier wieder die Zeit, dieses, daß die Zeit, die man mit der Uhr mißt, nur ein Teilchen ist, nur das quantitative Teilchen von einem Ganzen, das über alles Quantitative hinaus in alle Schichten des Seienden reicht. Ich merke hier nicht die Zeit, die mit dem Gang der Uhr sich bewegt, sondern jene, die da ist, *bevor* sie abläuft, wartend, Zeit, die bei sich selber ist.

Von der Piazza Campello komme ich zum obersten Teil der Stadt, zur Rocca, einst der Wohnsitz der päpstlichen Gouverneure. Von der Rocca aus, gegen Norden hin ist das Land ausgedörrt, hellbräunlich. Die Landschaft ist zerbröckelt, ausgesogen, die Ebene ist wie im Begriffe einzusinken in die Erde, langsam fließt der Fluß, als müsse man ihn stoßen.

Es ist mir oft aufgefallen in Italien, daß manche Landschaft, in der viel Geschichte geschah, wie ausgelaugt ist. Es scheint eine Beziehung zu bestehen zwischen der Vitalität der Landschaft und der Geschichte, die in ihr sich abspielt, es ist, als ob die Landschaft nur ein gewisses Maß von Geschichte vertrüge. Hier in Spoleto, waren die Umbrer, die Etrusker, die Römer, an der Porta Fuga in der Stadt soll Hannibal in die Flucht geschlagen worden sein, die Langobarden waren hier, die Hohenstaufen und die Späteren, zuviel ist hier geschehen, die Landschaft ist wie abgenützt.

Gegen Süden ist ein Tal, es ist grün, eine Kirche, S. Pietro, ist dort, ein Sportplatz, ein Wald, öffentliche Gärten, – als hätte man ein paar Dinge in dieses Tal retten wollen.

Zwei Liebende saßen auf der Bank dort, von wo ich in das Tal hinabschaute, sie dachten nicht daran, daß etwas zerfallen sein oder daß etwas gerettet werden könnte: sie liebten einander.

Von der Rocca geht eine Brücke über den Fluß Tessino hinüber zum Berg, zum Monteluco. Aus einer Tiefe von fast hundert Metern, aus einem Abgrund, kommen auf einem alten römischen Fundament zehn Steinbögen herauf, gotische Steinbögen aus dem 14. Jahrhundert, oben die über zweihundert Meter lange Brücke tragend. Die Brücke erscheint wie in unserer Zeit erbaut, so rasch und kühn heben sich die Bögen und so leicht geht die Brücke oben über sie; heute aber hätte man nur eine Hängebrücke über den Abgrund gelegt, in einem einzigen Schwung, oder eine Brücke mit einem einzigen Tragpfeiler in der Mitte. Aber zum menschlichen Wesen gehört es doch, daß die Mühe des Menschen, aus der Schlucht hinauf bis zur oberen Straße zu kommen, in dem Bau, der die Tiefe überwunden hat, sichtbar wird, und hier, in dieser Brücke, hat diese Mühe ihren Ausdruck gefunden: zehn Bögen sind es, die aus der Tiefe heraufsteigen, zehnmal muß man von unten heraufsteigen, bis man die andere Seite des Abgrundes oben erreicht, zehn Bögen stehen nebeneinander und tragen die Brücke.

ANCONA

20. August

In der Abenddämmerung fuhr ich gestern mit dem Zug von Foligno nach Ancona. Der Tag nimmt ab, man sieht schon die lange Reihe der Lichter am Hafen. Wie Vögel im Herbst auf den Drähten der Telegraphenleitungen sitzen, ein wenig sich bewegend, so ist diese Reihe der Lichter und auch wie bereit, mit einem Ruck davonzufliegen.

Im Hafen gehe ich den Corso Vittorio Emanuele entlang, links und rechts sind große Schaufenster und Bars mit vielen Menschen und vielen elektrischen Lampen, es ist eine heftige, gewalttätige Helligkeit. Links gehen schmale Gassen ab, hier ist es fast finster, die Geschäfte sind hier klein, schmal, die Menschen wie ein Teil des nächtlichen Dunkels. An einem kleinen Platz komme ich vorbei, ganz dunkel ist er in der Mitte, er ist wie ein Weiher, in den man Dunkel hineinschüttet.

Ich gehe durch ein anderes Gäßchen wieder gegen den Corso, Menschen kommen mir in dem Gäßchen entgegen, es fast sperrend, als sollte das Dunkle hier und die Helligkeit dort getrennt sein voneinander.

Die Menschen auf dem Corso bewegen sich schnell, sie reden laut, es ist fast Mitternacht, aber es scheint, als ob jetzt erst die Geschäfte geöffnet würden, es sieht nicht aus wie das Ende des Tages, sondern wie der Anfang einer Nacht, in der immer mehr elektrische Lampen angezündet werden.

Es kommt mir vor, als sei ich in einer Goldgräberstadt, die erst vor ein paar Monaten rasch gebaut worden sei. Aber die Häuser des Corso sind alt, nur die hellen Geschäfte und Bars sind wie eben erst, vor einem Augenblick, hineingestoßen in die Fassaden der Häuser. Man traut den großen Räumen und ihrer Helligkeit nicht recht.

21. August

Heute, am Morgen, immer noch sehe ich dies: die rasch aufgeworfene Goldgräberstadt, ihre Hitzigkeit, aber es ist eine Hitzigkeit in der Dauer, die sich gewöhnt hat dazusein.

Der Dom ist auf der Höhe des Monte Guasco, ein ganzer Stadtteil ist auf dem Berg, der älteste Teil der Stadt, er reicht abwärts bis zum Hafen und löst sich in die Gäßchen auf, durch die ich gestern abend hindurchging. Viel von diesem Stadtteil und fast alles rings um den Dom ist durch Bomben zusammengefallen. Aber das Auseinandergefallene ist wie etwas Selbstverständliches da, durch das Fenster einer Fassade, die allein von einem Hause übriggeblieben ist, sehe ich auf den Monte Astagno, als sei der Rahmen des Fensters für die Aussicht hingeschoben, Granitquader sind bei einem zerstörten Haus aufeinandergeschichtet, Fensterrahmen und ein Balkon daneben, wie wenn das Haus nur auseinandergenommen wäre und wieder größer aufgebaut würde, ein Kochherd hängt vom zweiten Stock eines Hauses innen in einen Hof, wie ein Wäschestück vor dem Fenster eines unzerstörten Hauses herunterhängt, die stehengebliebene Hinterwand eines Hauses reicht über alle Nebenhäuser und Nebenmauern hinaus, kein Dach ist mehr über ihr, es ist, als würde sie immer weiter nach oben stoßen, von nichts gehalten, drei Hunde springen einer Katze nach am Boden der Mauer, der Raum ist ausgefüllt mit dem Gebell, und als das Bellen einen Augenblick aufhörte, war es, als würde in diesem Augenblick die Mauer in den leeren Raum hinabstürzen.

Die Zerstörung ist wie etwas Normales da, sie scheint zur Welt des Menschen zu gehören, sie ist kein Defekt, der verschwindet, sie ist in der Dauer da, gleichberechtigt neben dem Ganzen, Unzerstörten. Es ist Zerstörung, die schon dadurch, daß sie deutlich und dauernd wie eine Sache da ist, zerstörend wirkt, vieles durchsetzt, das Zerbröckelnde noch mehr sich zerbröckeln, das Brüchige noch mehr auseinander sich spalten läßt.

Die Zerstörung ist heute als eine Welt konstituiert, als die *Welt* der Zerstörung, sie hat ihre eigenen Gesetze, die der Mensch noch nicht recht kennt, weil der Mensch selbst heute immer noch mehr zur Welt des Ganzen gehört, die Dämonen kennen diese Gesetze und der Mensch soviel von ihnen, als Dämonisches in ihm ist.

Im Ersten Weltkrieg war die Zerstörung noch nicht als das Absolute da. Wohl wurden Giftgase erfunden und angewendet. Aber selbst diese Erfindung erschien nicht als etwas, worauf das ganze Industriepotential gerichtet war, sie erschien nur als ein Nebenprodukt. Und es standen sich noch gegenüber: hier der Mensch und dort das Zerstörungsmittel, der Mensch stand deutlich da als das Objekt der Zerstörung.

Im Zweiten Weltkrieg kam die Zerstörung als etwas Absolutes, die Welt der Zerstörung wurde errichtet. Die chemischen Fabriken, die giftige Mittel produzierten, alle Fabriken, erscheinen jetzt nicht mehr als selbständige Gebilde, sondern nur noch wie Teile der allgemeinen Vernichtungsmaschinerie, und die Verwendung eines Mittels zu anderen Zwecken, zum Beispiel eines chemischen Mittels zur Tötung von schädlichen Insekten, war nur wie ein Nebenprodukt dieser Vernichtungsmaschinerie. Jetzt war die Vernichtung das Primäre und alles andere, was sonst geschah, vollzog sich wie durch das ungenügende Funktionieren der Vernichtungsmaschinerie. Der Mensch stand nicht mehr dem Vernichtungsapparat gegenüber, er wurde nur wie nebenbei mitvernichtet.

In dieser Welt der Vernichtung gibt es alles wie in der unzerstörten Welt: der Mensch denkt, – und das Denken ist Vernichtung, Häuser fallen auseinander und ihre Trümmer sind Teile der neuen Welt der Vernichtung, Krankheit ist nicht Einbruch ins Gesunde, sondern die Existenzform in der Welt der Vernichtung. Zwanzig Millionen Tote im letzten Weltkrieg, sechs Millionen vergaste Juden und zwei Millionen ermordete Russen und Polen, zwanzig Millionen Menschen eingezäunt in den sibirischen Lagern, das sind keine einzelnen Aktionen mehr, kein Mensch, kein Volk wäre imstande, soviele Aktionen der Vernichtung zu begehen, das vollzieht sich außerhalb jeder besonderen Aktion: die Welt der Vernichtung ist da, die Vernichtung ist als Welt da, sie wird eingeatmet wie man die Luft einatmet.

Das Innere des Menschen war primär vernichtet, sonst hätte das Äußere nicht so vernichtet werden können. Aber der Mensch hat wenigstens noch die Kraft, seine innere Vernichtung im Äußeren deutlich zu machen, die innere Vernichtung hat noch Gestalt finden können im Äußeren. So kann der Mensch noch sehen, außen, wie es in seinem eigenen Inneren aussieht, er steht vor den zerfallenen Häusern und aufgerissenen Straßen als vor dem Bild seines eigenen Inneren, er steht sich selbst gegenüber: verurteilt.

Wir sind noch nicht am Ende. Es wird die Zeit kommen, da der Mensch nicht mehr die Kraft hat, seine innere Vernichtung im Bilde außen darzustellen, dann wird die Zerstörung nicht einmal mehr ihre eigene Form haben, nichts wird mehr auseinanderbrechen und zusammenfallen und verschüttet werden, die Zerstörung wird die Form des Ganzen, Unversehrten, Freundlichen haben, niemand wird sie mehr vom Unversehrten unterscheiden können: das aber ist das Ende der Welt der Vernunft und der Anfang der letzten Welt, der Welt der Verwirrung und des Irrsinns, und in diesem Augenblick kann es nicht anders sein, als daß der Herr selber erscheint und für die Menschen das Unversehrte von der Vernichtung wieder deutlich scheidet. Der Anfang dieser Welt der täuschenden Vernichtung ist auch ihr Ende.

Schon ist das Böse im Menschen nicht mehr imstande, Bild zu werden in seinem Gesicht. Die Gesichter Hitlers, Görings, Goebbels', – nicht gut, nicht böse sehen sie aus, nur gewöhnlich, sie würden einem nicht auffallen, wenn man sie hinter einem Bank- oder Postschalter sähe.

Vor dem Ersten Weltkrieg hat der Münchner Kunsthistoriker Voll einmal gesagt: »Sehen Sie sich diese Verbrechergesichter an, die Schongauer gestochen hat. Derartige tierische Menschen gibt es heute nicht mehr.« – Ja diese tierischen Gesichter gibt es heute nicht mehr, aber das Böse ist nicht weniger geworden, es stellt sich nur weniger dar im Menschengesicht, es ist keine Kraft mehr da, das Böse als Bild zu gestalten. Auf den Gesichtern der Schongauerstiche aber ist das Böse zu einem genauen Bild geronnen, es ist fest, deutlich, und man meint, mit dem leichten Ruck eines Hebels könne man es hinausstoßen.

21. August

Ich ging vom Corso in eines der Seitengäßchen. Am Schaufenster eines Hauses war angeschrieben: Olivenöl und Antiquitäten. Auf dem Sims des Schaufensters innen standen Fläschchen und Blechbüchsen mit Olivenöl, vom Boden her ragten die Hälse der großen Ölkannen herauf, in der Mitte der rechten Wand hing ein Empirespiegel, weiß gerahmt mit Goldstreifen, und in seinem Glas sah ich den Rücken eines schreibenden Mannes. Ich ging in den Laden, der Mann schaute erst auf, als ich an seinem Schreibtisch stand, die Haare fielen ihm rechts und links vom Scheitel herunter wie ein Vorhang, die Stirne war wie ein Brett dazwischen gespannt. An der Seitenwand des Schreibtisches hing an einem Nagel ein Perlbeutel aus der Biedermeierzeit, ein Luftballon war darauf mit den Perlchen gestickt, eine Montgolfiere, sie hing in einem Himmel von hellblauen Perlchen, sie schwebte darin. Der Mann schaute wieder auf und sagte: »Den Beutel können Sie haben für 4000 Lire, für 6000, für 7000, für 10 000, – den Beutel bekommen Sie überhaupt nicht.«

Ich ging gegen die andere Seite des Ladens, wo in einer Ecke ein romanischer Steinkopf lag, die Nase fehlte, von seiner eigenen Schwere schien der Kopf irgendwo herabgefallen.

Ich kehrte wieder zurück zum Perlbeutel, der Mann schüttelte nur den Kopf und sagte: »Nein!«

Er hieß mich in den Raum daneben kommen. Nichts war darin als ein vierwandiger, bemalter Bauernwagen ohne Räder, von dem Mann als Truhe benützt, er nahm aus ihr einen Pack Hinterglasbilder, sie waren anders als die bayrischen. Die Farben der bayrischen Hinterglasbilder sind heftig, daß man meint, es bräuchte nur einen kleinen Stoß und die Farben würden durch das Glas hindurchbrechen, die Ornamente um die Heiligen herum wehen wie die Fahnen am Kirchweihfest. Bei diesen italienischen Hinterglasbildern waren die Farben zart, fast vorsichtig hinter das Glas gelegt, als traue der Maler dem Glas nicht recht, die Ornamente waren auch bunt, aber nicht wehend, sondern wie fest anliegende Bänder, die das Bild des Heiligen zwischen ihnen halten sollten. »Diese Bildchen«, sagte der Mann, »alle acht kosten 14000 Lire, 12000, 8000, für 6000 können Sie alle haben.« Ich schüttelte den Kopf und dann ging ich.

Nach dem Nachtessen spazierte ich wieder vom Corso durch die engen Gassen. Ich spürte auf einmal, daß jemand in meinem Schritt hinter mir herging und auch stehen blieb, wenn ich irgendwo ein wenig wartete. Ich drehte mich nicht um. Aber als ich von dem Gäßchen quer in ein anderes umbiegen wollte, waren die Schritte hinter mir auf einmal ganz nahe, und jemand sagte gegen mein rechtes Ohr: »Den Beutel kriegen Sie nicht!« Es war, wie wenn etwas rasch ins Ohr geträufelt würde.

Erst als ich in Forte dei Marmi war, dachte ich wieder an den Perlbeutel. Ich fing an, ein wenig besessen zu werden von ihm, denn ich telegraphierte an den Mann, was er für den Beutel haben wolle. Ich bekam keine Antwort.

23. August

Ich kam nachts an, der Mond fing an aufzugehen. Am Rande des Meeres, dort, wo es den Himmel berührte, war ein heller Streifen, er leuchtete dem Mond voran, dann kam der Mond selber, und obwohl er sich noch nicht viel über das Meer erhoben hatte, so gehörte die Fläche des Meeres schon ihm.

Der Mond stieg höher hinauf. Der Himmel versuchte mit seinen Wolken den Mond aufzuhalten, aber der Mond warf sein Licht über sie, und sie waren wie in einem Netz gefangen.

Die Ebene vom Meer bis zu den Bergen ist voller Weinreben, die ihre Ranken an den Maulbeerbäumen hochwinden, und Reben und Maulbeerbäume fassen miteinander Felder und Getreide ein, die Erde ist voll, die Fülle *an sich* ist da. Das Meer, die Ebene, die Berge, jedes ist ganz angefüllt bis zu seinem Rand, von der Fülle wird jedes gedrängt, die Fülle will überspringen in ein anderes, sich verwandeln.

Der Kamm der Wellen ist weiß wie der Grat der Berge auf den apuanischen Alpen hinter der Ebene, fast gelöst von dem Wasser. Man meint, im nächsten Augenblick höre das Meer auf sich zu bewegen, – das ist wie wenn ein Gott den Atem anhielte – und in diesem Augenblick geschähe die Verwandlung.

Die Fülle ist in den Ranken des Weinstockes, sie wissen nicht mehr, wohin sich winden vor Fülle, sie drehen sich um sich selbst. Die Blätter der Oliven, – von Olive zu Olive hin streckt sich ihr Grün, es ist wie die Fläche eines neuen Meeres, wie schon vorgefärbt mit dem Meergrün ist das Blatt der Olive.

So groß ist die Fülle, daß jedes fast gesprengt wird von ihr und fast verwandelt. Aber nichts verwandelt sich, indem man vor der Fülle steht und wartet, nur die Fülle wird noch größer. Die Luft selber scheint durchdrungen von dieser Fülle, es ist, als gingen die Ranken der Trauben, die Blätter der Oliven, die Hügel der Berge unsichtbar in der Luft weiter.

24. August

Heute nachmittag war auf der Piazza eine kommunistische Versammlung. Der Redner war dick und rot im Gesicht, die Haare gingen durcheinander nach allen Seiten zugleich, als sei er eben unter einem Strauch durchgekrochen, die Wangen schlossen sich um das Gesicht wie ein Mantel, aber die Nase kam energisch daraus hervor, der Mund lag tief zurück, er war immer offen, der dicke Wangenmantel schien sich Luft zu machen durch ihn. Er sah aus wie eine Karikatur in einem bürgerlichen Witzblatt, eine unwirkliche, karikierte Zeichnung war auf eine unheimliche Weise Fleisch geworden und war doch nicht wirklich geworden, etwas Vergebenes, Betrogenes, Melancholisches lag in seiner Gestalt.

Die Menschen vor dem Redner waren fast lauter braccianti, Landarbeiter, die um einen sehr geringen Lohn die Landarbeiten auf den großen Gütern verrichten und die nicht dauernd angestellt sind, nur für Wochen oder Monate. Sie sahen dem Redner mehr zu, als daß sie ihm zuhörten, es kam ihnen – so schien es – seltsam vor, daß einer von etwas anderem zu ihnen sprach, als von der

Arbeit, die er ihnen zu tun gab, sie standen vor dem Redner wie vor dem Gutspächter, vor dem sie auf die Arbeit warteten, die Arme, die keine Sense in der Hand hatten, hingen wartend, unbeholfen, an ihnen herunter. Es war bedrückend, die Menschen zu sehen, die hilflos dastanden mit ihren Armen und Beinen, nur in der Maschinerie der Arbeit konnten sie sie bewegen.

Erst als der Mann oben, weil er müde war, anfing leise zu sprechen, ging ein Ruck durch die Zuhörer, jedem war, als würde der Mann oben jetzt unmittelbar mit ihm selber sprechen, ihm sagen, ihm, seiner Person, was er zu tun habe, ein Flüstern fing unter den Zuhörern an, es war auf einmal, als beginne eine Verschwörung.

Diese braccianti wollen glücklich sein, wie wir alle, sie haben ein Recht auf das Glück. Aber wenn der Mensch, jeder von uns, glücklich ist, äußerlich und innerlich, ist er dann zufrieden mit dem Glück, wollen wir nur das Glück? Nein, wir wollen auch das Unglück, der Glückliche sucht mit allen Mitteln, sein Quantum Unglück zu bekommen, denn der Mensch will zwar glücklich sein, aber auch unglücklich, abwechselnd das eine und das andere.

Vor allem Glück und vor allem Unglück aber will er die Gerechtigkeit, und das haben diese braccianti nicht: Gerechtigkeit. Nur wenn dem Menschen zuvor Gerechtigkeit widerfahren ist, hat er die Freiheit, das Glück zu wollen oder das Unglück.

Der Mensch also will glücklich und unglücklich sein, – das ist ein Zeichen für seine Brüchigkeit.

Es ist schwer heute, in einer Welt, in der es nicht mehr

das Vollkommene, nur das Perfekte gibt, die Brüchigkeit des Menschen zu merken. Aber hier, im Streben des Menschen, nicht nur glücklich, sondern auch unglücklich zu sein, ist die Brüchigkeit deutlich zu erkennen.

Der Grundfehler des Sozialismus und des Kommunismus ist, daß beide voraussetzen, der Mensch wolle nur glücklich sein, sie wollen ihm zum Glück verhelfen, sie übersehen aber den Bruch, der im Menschen ist und der in seine Tiefe hinabreicht, ja, erst seine Tiefe ausmacht, dieser Bruch will mit Unglück und mit Traurigkeit ausgefüllt werden.

Ist es nicht genug, dem Menschen zum Glück zu verhelfen? – Das äußere Glück ist nie vollkommen, der Bruch bricht sich von selber durch.

Aber die Lehre vom Sozialismus und Kommunismus müßte doch wenigstens ein Zögern und ein Zweifeln in sich haben, ob es möglich sei, den brüchigen Menschen glücklich zu machen. Irgendein Zögern, eine kleine Unsicherheit müßte in der Lehre sein, – nichts davon ist in ihr. Dieses Zögern und diese Unsicherheit wären die Entsprechung für den Bruch, der im Menschen ist, sie wären ein Zeichen davon, daß der Mensch in seiner ganzen Wirklichkeit, also auch mit seinem Bruch, von dieser Lehre erkannt ist.

Die Brüchigkeit des Menschen ist eine Grundlehre des Christentums. Das Christentum, – der Mensch heute muß jeden Augenblick das Christentum neu erringen, jeden Augenblick muß er es für sich selber neu schaffen, als ob er es vorher nicht gehabt hätte, weil es ihm in jedem Augenblick von der Zeit, in der wir leben, weggesogen wird.

Es ist schwer sich jeden Augenblick das Christentum zu erringen, – aber ist das nicht wertvoller, als es sich ein für alle mal schenken zu lassen?

Nein, – denn das Schwere braucht nicht das Richtige zu sein, das Schwere ist kein Kriterium für das Richtige. Das Schwere, in jedem Augenblick das Christliche für sich hervorzubringen, wäre zwar dem Menschen von heute adäquat, es paßt heute zu ihm, zu ihm, der immer unter dem Schweren, unter einem Druck lebt. Aber dieses Dasein unter einem dauernden Druck ist gegen die Struktur des Menschen. Denn wäre der Mensch dazu bestimmt, immer unter einer dauernden Anstrengung zu leben, dann gäbe es keinen Schlaf und keinen Traum, auch keine Kindheit, das Leben wäre ein immer fortwährendes Wachen, eine immer aufgerissene Bewußtheit. Das ist das Leben nicht, es ist auch Pause, Ruhe, Verträumtheit, Passivität, und darum ist die dauernde Anstrengung und das nicht aufhörende Erringen, auch das der wichtigsten Dinge, gegen die Struktur des Menschen.

Das Richtige ist dies: daß das Wichtige, das Christliche, einem vorgegeben wäre, aber daß der Mensch das, was ihm geschenkt wurde und was vor ihm ist, sich in jedem Augenblick nochmals selber gewönne: er müßte die Gnade von oben, die ihm vorgegeben ist, nehmen und in jedem Augenblick sie sich selber verdienen – das wäre die Gnade von unten.

26. August

Am Morgen war ich am Strande. Ein Schiff sah ich weit hinten, wo das Meer und der Himmel einander berührten. Das Schiff schien sich nicht zu bewegen. War es ein Schiff? Es hätte auch ein Vogel sein können, der sich einen Augenblick auf der Fläche des Meeres niedergelassen hatte, oder eine Insel, die eben aus dem Meer heraufgekommen war.

Die Sonne ging höher hinauf, die Luft wurde klarer, das Schiff kam näher, Vögel flogen auf es zu, aber gleich wieder zurück, wie von einer Wand zurückgeworfen.

Die Sonne stieg noch höher hinauf am Himmel, fast sein ganzes Gewölbe war durch das Licht der Sonne aufgelöst in Glanz. Der Glanz quoll über und fiel von oben herab in das Meer. Dort, wo er hineinfiel, war es wie ein breiter, silberner Riß im Meer.

Auch die Pinien wurden jetzt an ihren Stämmen, Ästen und Blättern ganz deutlich, ihre Umrisse wurden scharf, als wehrten sie sich dagegen, vom Glanz aufgesogen zu werden.

LUCCA

28. August

Vor vielen Jahren war ich in Lucca gewesen. Immer wenn ich an Lucca dachte oder den Namen der Stadt hörte, sah ich die weiße Marmorfassade von S. Michele und, ein paar Häuserreihen entfernt, den Wall mit den Bäumen, der rings um die Stadt geht.

Oft kam mir Lucca in den Traum: die weiße Fassade von S. Michele sah dann aus wie geronnenes Mondlicht, und die dunklen Straßen davor lagen da wie seine Schatten. Langsam bewegte sich eine lange Reihe von Zypressen hintereinander, als ob sie Menschen wären, dem Rande des Mondlichtes entlang, ich spürte, wie sie sich Mühe gaben, nicht ins Mondlicht zu treten, sie gingen dort, wo der Schatten war. Eine Zypresse glitt mit ihrem obersten Teil ins Mondlicht, die Spitze oben fing an zu brennen, aber aus der Flamme kamen rote und grüne Luftballons, kleine, wie sie die Kinder an den Jahrmärkten haben, einer war silbrig, er flog über den Schatten der Straße und zerplatzte.

Ich war seit meiner ersten Reise nach Lucca oft in der Nähe gewesen, in Pisa, in Viareggio oder in Florenz, aber ich hatte mich nie getraut, nach Lucca zurückzukehren.

Heute nun war ich wieder in Lucca, ich erinnerte mich noch an das Albergo Verdi, in dem ich gewesen war, und an den dunkelgelben Wein, der in einer sehr langhalsigen Flasche, schon bevor die Gäste kamen, auf dem Tisch stand, auch die Engländer, die an einem langen Tisch an der Wand gesessen waren, und ernst auf den Fisch schauten, den sie vor sich auf dem Teller hatten, aber einander heitere Worte zuriefen, sobald sie vom Teller aufsahen.

Alles war anders heute im Albergo Verdi, der Wein stand nicht mehr im voraus auf dem Tisch, der Raum, wo man aß, war leerer als früher, nur hie und da saß jemand an einem Tischchen, vorsichtig traten die Menschen in den Saal, und vorsichtig, als ob sie fürchteten, etwas zu zerbrechen, setzten sie sich. Die zwei Kellner kamen plötzlich hinter einer Holzwand hervor, gingen rasch zu den Gästen und verschwanden rasch wieder, sie waren wie für ein paar Stunden geliehen, wie gar nicht zum Hause gehörend. Mir gegenüber an der Wand saß eine englische Familie, sechs Menschen, sie waren in einer dauernden Heiterkeit darin, die auch da war, wenn sie nicht sprachen, man merkte ihnen das Glück an, daß sie zueinander gehörten, die sechs Menschen waren das einzige im Raum, das die Art hatte wie die Dinge früher; wenn der Kellner zu ihnen kam, so war es, als müsse zuerst eine Tür zu ihnen geöffnet werden, so sehr waren sie bei sich selbst, daheim bei sich auch hier, und so ganz und gar anders erschienen sie in diesem Raum, wo die Decke oben dem Fußboden und jedes Tischchen dem anderen Tischchen und jeder Mensch dem anderen Menschen als etwas Fremdes gegenüber stand, daß es war, als seien sie, diese sechs Menschen, nicht durch die Türe in den Saal gekommen, sondern als hätte sich die Wand geöffnet und als seien sie so, wie sie da saßen, mit dem Tisch von außen in den Saal hineingeschoben worden.

Ich stehe vor der Fassade von San Michele, sie ist weiß wie im Traum. Der Mond des Traumes hatte sich in der Rosette über dem Portal verborgen.

Ich bin auf dem Wall, der rings um die Stadt geht, aber es ist nicht, als sei die Stadt eingeschlossen von ihm, sondern als sei die Stadt wie zufällig in diesem Ring hängen geblieben und als kümmere sich weder der Wall um die Stadt in ihm, noch die Stadt um den Ring außen an ihr. Der Wall ist breit, rechts und links sind große Platanen, es ist wie ein Wall von Bäumen rings um die Stadt.

In der Nacht, als ich wieder auf den Wall hinaufstieg und von dort im Mondlicht die weiße Fassade von San Michele sah, da war mir, als sei ich im Wald und als stünde ich plötzlich vor einer Lichtung, in die das Mondlicht schwer herunterfiel: die Lichtung mit dem Mondlicht, das war die Fassade von San Michele in der Nacht.

Ein anderer Wall geht noch rings um die Stadt und um den Wall aus Steinen und Bäumen: das ist der Wall der pisanischen Berge, der apuanischen Alpen und des Apennins, weit draußen. Dieser Weg der Berge in der Ferne rings um die Stadt ist wie die Bahn eines Gestirnes.

Jetzt fällt mir ein, daß im Traume, als die Fassade von San Michele wie das geronnene Mondlicht vor mir stand, ich auch den Wall mit den Bäumen sah, er war wie der des Mondes, den man manchmal am Himmel sieht, ein grüner Hof war im Traum rings um das geronnene silberne Mondlicht.

CHIANCIANO

8. September

Ich kam gestern nacht in Chianciano an. Unten lag dunkel die Ebene, ein paar Lichter waren über dem Dunkel, sie verschwanden und erschienen an einem anderen Ort, sie wanderten, sie schienen etwas zu suchen und zugleich vor etwas zu fliehen. Am Horizont war noch ein Streifen Helligkeit, er hielt sich lange, dann sank er abwärts ins Dunkle, aber gleich darnach kam ein Stern dort herauf.

Ich wohne nicht in Chianciano-Bagni, wo nur Hotels sind, sondern im alten Chianciano-Paese, dem Städtchen, eine halbe Stunde entfernt von dem Badeort. Chianciano liegt, wie viele alte etruskische Städte, auf der Spitze eines Hügels. Von Chianciano-Bagni her sieht das Städtchen aus wie ein versteinerter Hügel, als hätte er sich zu weit in die Höhe gewagt und sei dann versteinert worden. Das Städtchen sieht zerfallen aus, aber wie das Überbleibsel eines noch größeren Zerfalles.

Die vielen anderen Hügel, die aus der Ebene aufsteigen, aber nur selten ein Städtchen auf sich haben, sind meistens bewachsen mit Olivenbäumen, oder dünner Wald und Felder liegen auf ihnen.

Das Städtchen Chianciano, – es ist, als sei der Häuserklumpen zuerst da gewesen und durch ihn habe man die Straße hindurchgebrochen, die schmale Straße wird fast zusammengedrückt von den Häusern links und rechts, sie muß sich hindurchstoßen. Aber auch die Häuser selber sind wie aus einem einzigen Steinblock herausgehauen, es ist, als setzte sich hinter der Fassade das Haus in den Steinblock weiter fort. Hinten und zuoberst ist das alte Kastell, noch ganz steinhaft, man meint nicht, daß hinter den Fenstern Zimmer seien, sie sind wie Höhlen im Stein. Von der Straße gehen kleine Gassen abwärts, die Gäßchen sind wie Wege in einem Steinbruch, manche nur wie Fußstapfen darin.

Männer gehen langsam hin und her oder stehen in Gruppen vor den Häusern oder auf den kleinen Plätzen herum, es ist, als gehörten die Häuser noch nicht ihnen, es ist, als warteten sie, daß sie ihnen zugewiesen würden, sie sind nicht die Einwohner, nicht wie ansässig.

Nahe bei der Piazza ist ein Café mit zu großen Fenstern gegen die Straße und mit zu großen Räumen innen. So ist es sonst nur bei der Neugründung einer Stadt, wo einer ein Café im voraus baut für viele Menschen, obwohl erst ein paar beieinander sind. Das Café ist das Abenteuerhafte, ein wenig Maßlose im Städtchen, selten geht einer hinein, rasch, als wolle er nicht gesehen werden.

Am Ende der Straße, in einem alten Palast, unmittelbar über der Ebene, allein für sich, ist das Spital. Von seinem Garten sah ich hinab in die Ebene, überall waren Hügel in ihr, auf und ab ging die Ebene in den Hügeln, wie ein Wandern der Ebene war es, hinter ihr standen die Berge, sie umringend, es kam Maß in die Bewegung der Ebene durch die Berge. Ich schaute hinauf auf die Terrasse des zweiten Stockes, zwei oder drei Kranke lagen da auf Liegestühlen, wie Gäste eines freundlichen Hauses lagen sie da.

Auf dem Rückweg war der Platz gefüllt mit Menschen, es war Markt. An der Seite des Platzes lag auf einem Karren ein ganzes gebratenes Schwein, ein Mann daneben schnitt Stücke aus dem Rücken und verkaufte sie, kleine Stücke, soviel wie ein Mensch oder zwei essen, man konnte meinen, es sei irgendwo in der Nähe ein Lager von Menschen, von denen jeder seinen Anteil hole, aber es waren die Einwohner der Stadt, die sich die Stücke abschneiden ließen. Das Schwein war goldbraun geröstet, es hatte am offenen Feuer die Farbe bekommen, die ihm gehörte, es lag da wie ein Monument, es blieb ein Monument, auch als es durch das Wegschneiden kleiner geworden war.

10. September

Chianciano-Bagni, der Badeort, besteht aus etwa dreißig großen Hotelbauten, die dicht beieinander sind. Man meint, sie würden in dieser Landschaft wie etwas Feindliches wirken, drohend, – sie wirken komisch, wie zu groß geratene Spielzeuge, die man hier auf die Seite gestellt hat. Manche haben sechs oder sieben Stockwerke, aber es ist, als würden sie sich noch höher hinaufschieben, wenn man auf einen Knopf drückte, oder auch niederer durch den Druck auf einen anderen Knopf. Gutgekleidete Menschen gehen hinein und hinaus, zu gut gekleidete, wie bei einem Spielzeug die Figuren in den Sonntagskleidern daherkommen. Alles ist wie eine Schaustellung, für einige Tage hergerichtet, um gezeigt zu werden, aber auch schon hergerichtet, um wieder abgerissen zu werden. Komisch erscheint es, so etwas Kolossalisches nur für ein paar Tage hinzustellen, komisch erscheint auch, wie die Menschen versuchen, Wirklichkeit in das Spielzeughafte zu bringen, indem einer einen Streit anfängt mit einem anderen Gast, er schlägt mit dem Spazierstock auf das Eisengitter der Terrasse, der

Direktor erscheint im schwarzen Gehrock, das Spielzeughafte wird noch deutlicher. Ja, es ist alles wie bei einer Schaustellung: vorn wird noch gespielt und hinten fängt man schon an abzubrechen, einzupacken.

Nachmittags

Auf dem Wege vom Städtchen Chianciano nach dem Badeort bog ich links ein in einen Fußweg, ich war gleich mitten in den Feldern und ich sah auch gleich die braccianti, die Landarbeiter. Ihre Wohnungen sind Baracken oder Häuser mit auseinanderbrechenden Mauern. Die Zweige eines Strauches wuchsen manchmal durch den Riß einer Mauer hindurch, und doch waren diese auseinanderfallenden Häuser mehr *da* als die Zementbauten der Hotels. Der Mensch hatte hier ein festes Zeichen gemacht, er hatte die dicken Steinmauern hingestellt: die Felder gehen weit, ins Grenzenlose, aber das Haus ist ein sicherer Raum, hier war der Mensch umgrenzt, er wußte, wo er war.

In den Zementbauten von Chianciano-Bagni war keine Zeit darin, bloß die paar Tage glitten durch sie hindurch, die nicht einmal Tage, nur die Summe von Augenblicken sind, in denen die Kurgäste durchschwirren, – hier aber, in den Häusern der Landarbeiter ist die ganze Zeit darin, die die vielen Landarbeiter in ihnen gelebt hatten, die Zeit war *da*, sie war verflossen, aber nicht weggeflossen, sie blieb dort, wo sie verflossen war, sie füllte die Löcher der Mauern dichter aus als der Zement und sogar als die Steine.

Hier war etwas Bestimmtes geschehen, daß das Haus gebaut worden war, es war nicht wie bei den Hotelbauten, daß statt ihrer auch irgend etwas anderes hätte geplant werden können, eine Spekulation durch einen Baumwollkauf oder ein Strandbad an einem See. Hier war nur das eine geplant, dieses Haus, es allein war gemeint, dieses sollte da sein, wenig, aber nur dieses, und darum war es deutlich da, deutlicher und sicherer als die Hotelbauten.

Da waren bei den Hotels in Chianciano nur die italienischen Frauen. Stundenlang saßen sie um einen Tisch im Hotelgarten und strickten oder häkelten, sie schauten nicht oft auf, sie redeten die Worte vor sich herab, ohne daß sie den Kopf zueinander wendeten, aber wenn sie einmal aufschauten, stand eine Wand schwarzen Glanzes plötzlich vor einem.

Sie schauten also die Menschen und auch die Landschaft kaum an, sie ließen sich anschauen von den Menschen und von der Landschaft.

Man kann – so schien es – auch so alles von der Landschaft erfahren, mehr wahrscheinlich, als wenn man sie selber ausforschte. Es war wunderbar zu merken, daß es auch dies gab: das Wesen der Dinge zu kennen, ohne daß man sich darum bemühte, es zu erfahren, indem die Dinge selber sich um einen bemühten. Bei diesen Frauen wurde es offenbar, daß nicht nur der Mensch sich hin zu den Dingen bewegt, um sie zu kennen, sondern daß auch die Dinge sich zum Menschen hin bewegen, damit sie ihn kennen. Vielleicht erfuhr der Mensch das ganze Wesen eines Dinges mehr, wenn es sich ihm von selbst gab, als wenn er in der Absicht, dieses oder jenes zu wissen, sich zu ihm wendete, und sicher erfuhr er so nur das, was ihm erlaubt war, von einem Ding zu wissen, das Ding brachte das Maß mit, in dem es sichtbar werden wollte. Wunderbar war es auch, daß auf diese Weise die zwei Arten, die Welt zu kennen, auf jedes der beiden Geschlechter verteilt war: der Mann wußte durch das Schauen, die Frau durch das Angeschautwerden. So gehörten noch einmal die Frau und der Mann zueinander, und noch einmal wurden sie eines.

Selten machten diese Frauen Ausflüge. Und wenn sie einmal nach dem nahen Montepulciano fuhren und vor dem Palazzo Comunale, dem Rathause, aus dem 14. Jahrhundert mit dem Turm daneben standen, so sagten sie nichts als: bello, oder: che bellezza, und sie sagten auch nichts anderes bei der Aussicht von der Stadtmauer, sie nickten herab auf die Landschaft, umfuhren sie manchmal mit einer Armbewegung und sagten wieder die gleichen Worte. Und doch war es mir oft, als seien sie dem Palazzo Comunale und der Landschaft näher und als wüßten sie mehr davon als ich. Das Wissen war unbewegt in ihrem Inneren, und die Worte waren vielleicht nur darum immer gleich, damit sie nicht das ruhende Wissen in der Tiefe störten. Durch die Stereotypie des Ausdrucks wurde auch vermieden, daß das Subjektive sich in die Objektivität des Erfahrenen mengte, nichts Subjektives mischte sich in das hinein, was sich vom Objektiven her in sie hineinbewegt hatte. Auch auf diese Weise war die Welt gut verteilt: das Objektive, bei der Frau aufgehoben, hielt der Subjektivität des Mannes das Gleichgewicht. Und man hat auch den Eindruck, daß auch noch heute die Exzesse der Subjektivität in Italien geringer sind als anderswo in Europa. Das Wissen in diesen Frauen war kein gemünztes Wissen, aber es hing mit der Welt und ihrer Ordnung zusammen, und vielleicht erfuhren nur ihre Männer davon, in der Liebe.

12. September

Ich gehe zu Fuß von Chianciano nach Montepulciano, anderthalb Stunden. Nicht einem einzigen Fußgänger begegne ich, hie und da einem Ochsenwagen mit einem Bauern, sonst nur Radfahrern und Automobilisten. Im Auto fährt man im wahren Sinne des Wortes an der Landschaft *vorbei*. Der Mensch aber muß antworten auf das, was zu ihm kommt. Es drängt die Landschaft, in der Welt des Menschen zu sein, teilzuhaben an ihr. Und indem der Mensch das, was vor ihm gegenwärtig ist, zu sich nimmt, wird er selbst gegenwärtiger, er ist dadurch selbst mehr da.

Es war gegen Mittag, die Hügel lagen im Licht, hervorgelockt von seinem Glanz, fast auf jedem Hügel waren ein paar Bäume, etwas Milderndes, Besänftigendes kam dadurch in die Helligkeit des Glanzes.

Schon in ein paar Hügeln ist das Wesen dieser Landschaft deutlich, aber es sind viele, es ist ein ganzes Land von Hügeln, stundenweit. Die Vollendung entsteht erst durch das, was zu dem bloß Genügenden hinzukommt, das Beglückende entsteht durch das Mehr. Und: durch das Mehr wird etwas über sich selbst hinausgehoben, es bleibt nicht fixiert auf sich selber.

Ganz und gar im menschlichen Maß ist die Landschaft. Man sieht immer nur so viel von ihren Hügeln, Bäumen und Feldern deutlich, als der Mensch zu beherrschen vermöchte mit seiner Arbeit. Das, was zu einem Menschen oder zu einer Familie oder zu einem Dorf gehören darf, das liegt deutlich vor einem, nicht mehr. Die Nähe ist auf eine wunderbare Weise vor einen hingehalten, die Nähe ist als Nähe verwirklicht, der Mensch wird bei dem gehalten, was zu ihm gehört.

Aber das Nahe ist nicht abgesteckt, es folgt auf das Nahe das Andere, das, was über den einzelnen Menschen und das einzelne Dorf hinausgeht: das Ferne, das, wovon ich nichts deutlich zu sehen brauche, das, was ein anderer, andere sehen, was *ihnen* gehört. Die Landschaft geht von mir zu anderen weiter, in die Ferne, Nähe und Ferne sind auf eine wunderbare Weise beieinander.

Ich bin jetzt oben in Montepulciano, ich gehe zwischen den Häusern die steile Straße hinauf. Es ist, als hätte sich die Stadt herausgegraben aus dem Hügel, als sei sie mühsam aufwärts gekrochen wie diese Straße, sie ist wie ein Schacht von unten nach oben. Ich meine nicht, ich sei im Freien, über der Erde, sondern immer noch unter ihr, aber auf irgendeine Weise mit Helligkeit versorgt.

Der Domplatz oben hat sich abgelöst von diesem Schachtartigen, ein Brunnen ist in der Mitte, viel Wasser fließt aus ihm. Auch der Dom hat nichts Eingeengtes, Zusammengedrücktes in der Bewegung seiner Formen, stolz steigt die Fassade auf, stolz, daß der Mensch sich senkrecht über die Erde erhebt und Mauern senkrecht über die Erde erheben kann.

Ich stehe an der Stadtmauer und schaue hinab auf das Land mit den vielen Hügeln. Der Himmel geht in einem großen Bogen über sie hinweg. Fern, am Rande der Ebene, ist ein kleiner See, der See von Montepulciano, und neben ihm der kleine See von Chiusi, man sieht den See nicht, nur einen rundlichen Glanz, der aufsteigt.

Nachmittags

Ich besuchte in Montepulciano Dolores F. Sie hatte während des Krieges ein uneheliches Kind von einem verheirateten Manne bekommen. Sie war sehr arm, aber aber sie nahm nichts von dem Manne, sie wollte selber für das Kind sorgen und ging fort von Padua, wo der Mann war, bis nach Montepulciano.

Unterhalb des Städtchens, abgelegen, wo keine Häuser mehr waren, mietete sie eine Feldhütte und lebte darin mit dem Kind. Sie suchte sich Arbeit im Städtchen, sie nähte für die Leute, und bald hatte sie soviel zu tun, daß sie ein junges Mädchen als Hilfe nehmen konnte. Das Mädchen wurde abends manchmal vom Bruder abgeholt, der Bruder ging auf zwei Krücken, die Beine waren ihm abgefahren worden, eine große Traurigkeit kam aus der Tiefe herauf in seine Augen, durch sie wurden die Linien des Gesichtes bedeutungsvoller, sie bezogen sich auf diese Tiefe. Er war Schuhmacher. Er verliebte sich in die Frau mit dem Kind, schließlich heiratete sie ihn, und sie war froh, daß sie aus der Hütte heraus in ein kleines Haus und in das Städtchen kam.

Ich ging zu ihr, zwischen den Mauern eines zerfallenen Hauses hindurch, wie durch einen Steinbruch. Sie saß in einem dunklen Zimmer, das auf den Hof schaute, am Fenster mit zwei Mädchen und nähte. Dort am Fenster, wo sie saß, verwandelte sich alle Dunkelheit des Zimmers ins Helle, das Dunkel wurde hell bei ihrem Gesicht. Sie war schön.

Die Linie von ihrer Stirn herab über die Nase und über den Mund bis zum Kinn war wie eine Zauberlinie, von ihr wurde alles angesogen, man spürte fast, wie die Stirn, die Nase, der Mund hineingesprungen waren in diese Linie. Es war, als hätte die traumwandelnde Hand eines griechischen Gottes diese Linie gezogen, so schmal, daß die Hand ausgeglitten und abgestürzt wäre, wenn eines Gottes Hand abgleiten könnte.

Ich ging mit ihr die Via Garibaldi hinauf bis zu der Höhe, wo der kleine Stadtgarten ist. Sie ging neben mir und doch war es mir, als sei sie weit voraus, für sich, sie redete nichts. Es schien mir, wenn einer sie ansehe, so müsse es dessen Augen sein, als hätten sie zum ersten Mal überhaupt gesehen.

Jenseits der Ebene, unter uns, stiegen die Hügel rasch herauf vom Tal, sie drängten einander aufwärts, plötzlich stießen sie an den Himmel und hielten still.

Die junge Frau erzählte, vor einigen Wochen habe der Mann seinen Namenstag gefeiert mit ein paar Freunden, er, der den Wein nicht gewohnt war, sei des Weines nicht mächtig gewesen, er wurde ein wenig betrunken, und in der Nacht habe er zu ihr gesagt, er wolle sie von sich lassen, sie sei frei, er, der Krüppel, dürfe sie nicht festhalten. Am Morgen habe sie ihn lächelnd gefragt: »Also, jetzt kann ich gehen? Bin ich frei? Oder hast du nur gescherzt wegen des zuvielen Weines?« Er antwortete: »Ich habe das im Rausch geredet, nur dies eine Mal es *geredet*, aber bei mir selber, in meinem Inneren, sind diese Worte immer, *ungeredet*.«

Ich ging mit ihr zurück bis vor ihr Haus, wir gingen die engen Gassen hinab, links und rechts die Häuser und über uns ein Streifen Himmel.

Ich stieg nochmals zurück auf die Höhe beim Stadtpark, dann ging ich hinunter, die breite Landstraße gegen S. Albino und Chianciano zu. Ein leichter Nebel des späten Nachmittags lag schon über den Hügeln, sie waren in dem Nebel wie in einem leichten Netz darin. Ich schaute gegen den kleinen See von Chiusi, noch immer stieg ein Glanz aufwärts von ihm, aber darüber war das Netz von Nebel, als wolle er den Glanz erwarten und ihn einfangen. Mir war, als werde dort, wo der Nebel über dem Glanz war, die schöne Frau noch einmal verschwinden.

Jetzt schaute ich auf die hohen Berge gegen Montalcino zu. Die Kämme der Berge, ihre Lineatur war wie eine Schrift in die Fläche des Himmels heftig eingedrückt. Es war Nacht geworden, der Mond stand schon ganz hoch. Die beiden kleinen runden Seen von Chianciano und Chiusi waren hell von ihm, sie glänzten wie zwei Monde von der Erde her gegen den Mond des Himmels.

AREZZO

15. September

Vom Platz aus, auf dem der Dom steht, schaue ich auf die Berge und Hügel und Felder, die rings um die Stadt herum gehen. Es ist Mittag, die Landschaft dreht sich um eine Säule des Lichtes, die von der Mitte des Himmels bis auf die Erde reicht.

Die Fresken von Piero della Francesca in der Kirche S. Francisco: alles Gewordene und alles Kommende ist in der Gegenwart dieser Figuren darin. Sogar der Traum scheint eingeschmolzen in die Wachheit dieser Gesichter, sie haben alles zugleich bei sich, Traum und Wachen.

Sie schweigen nicht nur: alles Wort, das sie hatten, ist in Dasein umgesetzt. Sie scheinen im Schweigen zu wachsen, sie nehmen zu durch das Schweigen, sie füllen es ganz aus, bis an seinen Rand, aber am Rand des Schweigens warten sie auf das neue Wort, und weil sie auf das Wort warten, ist in ihrer Größe Maß.

Nachts, wieder auf dem Platz beim Dom: der Mond fing an heraufzusteigen. Je mehr der Mond stieg, desto mehr schien die Fläche des Himmels zuzunehmen. Ein großer Teil der Erde lag noch im Dunkel, das Dunkel wehrte sich gegen das Mondlicht oben, es schien sich in den Boden einzugraben. Aber jetzt stieg der Mond rasch hoch, und alles Dunkel der Erde unten übergab sich dem Licht des Mondes wie ein geschlagenes Heer, ein paar Lichter sah man noch im Dunkel, sie waren wie Abgesandte des Mondes, die die Herrschaft des Mondes auf der Erde absteckten.

16. September

Ich fahre mit dem Postauto von Arezzo nach Sansepolcro.

Kurz vor Sansepolcro, auf der Spitze des Berges, ist plötzlich eine lange, an den Enden umbiegende Mauer vor uns, hinter ihr unmittelbar der Himmel, sie war wie ein Weg entlang der Fläche des Himmels. Eine Kirche, ein paar Häuser, zwei Paläste, ein paar Bäume waren hinter der Mauer, sie lehnten mit ihr zusammen an der Wand des Himmels. So, wie das lange Band der Mauer dastand mit der Kirche, den Häusern und den Bäumen hinter ihr, war es wie ein versteinertes Sternbild, das ausgegraben war aus dem Boden des Himmels, ausgegraben und wieder liegen gelassen, eine verlassene Stätte der Ausgrabung, das war das Städtchen Anghiari am Weg von Arezzo nach Sansepolcro.

In Sansepolcro war Markt. Die Straße, die vom unteren Teil des Städtchens zum Dom und zum Palazzo Comunale führt, war voll von Menschen. Viele Bauern und Bäuerinnen hatten Hühner und Gänse in Körben neben sich oder unter dem Arm, sie waren wie ein Teil von ihnen selber, das Huhn, die Trauben, die Bohnen, die Melonen gehörten nicht nur dem Verkäufer, sie gehörten *zu* ihm, er gab von sich selber her, wenn er verkaufte, und darum wurde auch lange hin und her geredet, bis die Dinge hergegeben waren.

Im Palazzo Comunale, im Rathaus, ist ein Fresco von Piero della Francesca, der in Sansepolcro geboren wurde. Es ist eine Auferstehung Christi.

Die Bäume neben dem Auferstandenen sind kahl, die Luft um ihn herum ist dünn, die Höhle, aus der der Auferstandene sich erhob, erscheint wie noch einmal ausgehöhlt. Aber alles ist nicht wie ein Aufhören, es geht nicht einem Ende entgegen, es ist dämmernd, gegen den Morgen zu, nicht ein Abnehmen vor dem Ende, sondern ein Anhalten vor dem Zunehmen.

CORTONA

17. September

Ich kam von Arezzo zu Fuß. Ich ging über die Hügel, zuerst bis Castiglione Fiorentino.

Rechts von mir ist die Ebene des Chiana-Tales. Die Hügel sind voller Reben und Olivenbäume. Alles war ruhig, überall waren Menschen auf den Feldern, hie und da fuhr ein Auto über die Straße.

Aber am Mittag, als im heißen Licht die Menschen, auch wenn sie sich noch bewegten, nur wie Bilder erschienen, von irgendwoher auf die hellblaue Wand des Lichtes geworfen, als dann nichts mehr sich bewegte und auch die hellblaue Wand des Lichtes nur noch flimmerte, bis sie schließlich ganz weiß geworden war, als das weiße Licht nun selbst auf ein Neues, Letztes, zu warten schien, – da war es, als ob im nächsten Augenblick die Hügel nach oben sich erhöben und, grüne Leuchtkugeln des Tages, im Feuerwerk, das der Pan dieser mittäglichen Stunde sich gab, verschwänden.

Nach Castiglione Fiorentino gehe ich höher hinauf. Schön ist es zu sehen, wie unten in der Ebene die Felder, die Hügel, die Bäche, ausgebreitet sind; als ob einer kommen würde und sie einsammeln, so ist Feld an Feld, Hügel an Hügel, schon abgeteilt, zum Wegnehmen bereit.

Ich sehe wieder die Fülle. Die Bäume, die Felder, jedes sprengt sich fast vor Fülle, man meint, im nächsten Augenblick werde ein Ding an seinem Rande über sich selber hinausspringen in eine andere Gestalt hinein.

Wie vor einer Verwandlung ist jedes: Verwandlung durch die eigene Fülle. Nur weil der Mensch in der Nähe ist, auf den Feldern überall, der Mensch des Maßes und der Ordnung, bleibt jedes in der eigenen Form und in der eigenen Gestalt darin.

In Cortona: ich kann mir nicht vorstellen, daß ich sechs Stunden zu Fuß gegangen bin, von Arezzo bis hierher, immer vorwärts, ich kann es mir nicht mehr vorstellen, so sehr hört in dieser Stadt jede Bewegung vorwärts auf. Auch diese etruskische Stadt ist wie ein Steinblock, in die Erde hineingestoßen, durch den die Menschen allmählich sich Straßen gebahnt und sich Häuser eingerichtet haben. Von oben her, von der Spitze des Hügels, drückt der Block immer noch herab gegen die Erde, dort ist die Festung.

Man vergißt hier, daß es eine Bewegung in der Horizontalen, eine Bewegung fort über die Fläche der Erde hin oder gar ein Eilen, ein Fliehen gibt. Das Anhalten gilt hier.

Die Bahnstation liegt in der Ebene unten, fünf Kilometer entfernt von der Stadt. Das Postauto kommt ein paarmal täglich herauf vom Bahnhof, es fährt durch die Straßen hindurch bis an die Piazza Signorelli, aber es ist jedesmal wie ein Einbruch in die Stadt, und wenn es hält, ist es, als ob es verhindert würde, weiter zu fahren.

Das Zentrum von Cortona ist die Piazza Vittorio Emanuele, der Platz ist voller Menschen. An einer ihrer Seiten, am Rande, stehen ein paar Männer und Frauen, die Obst und Gemüse feilhalten. Die anderen sind in Gruppen beieinander, die ganz Alten beim Palazzo Comunale, beim Rathaus, an der Treppe, auf den Stufen sitzend; die Stufen erscheinen leer, wenn es Mittag ist und die Alten nach Hause gegangen sind, wie ein Stuhl leer und traurig erscheint, wenn niemand darauf sitzt. Die Männer in den kräftigen Jahren sind mehr gegen die Mitte des Platzes beieinander, nicht alle in einer einzigen Gruppe, sondern in verschiedenen, manchmal bewegt sich einer von seiner Gruppe zu einer anderen, aber es ist nicht, als bewege er sich aktiv, mit Absicht von seiner Gruppe weg, er wird wie langsam weggedreht, so, wie durch ein Uhrwerk eine Figur sich loslöst von anderen, sich ein Stück weit allein bewegt und dann wieder bei einer neuen Gruppe stehenbleibt, als hätte die Figur sich nie bewegt. Auch zu den ganz Alten an der Treppe des Palazzo Comunale geht manchmal einer hin, aber viel seltener, als ob das Uhrwerk diese Bewegung nur jede Stunde vollzöge, die andere aber alle paar Minuten. Zwischen den Gruppen springen kleine Knaben und Mädchen hin und her, die Männer schauen herunter auf die Kinder, wie auf etwas, das nicht zu ihnen gehört und das sich von selber wieder entfernen wird, so fremd ist es. So stehen die Männer fast den ganzen Tag auf der Piazza.

Die Gruppen drehen sich ganz langsam im Kreise um sich selbst, je nach dem Stand der Sonne, wie sich die Blätter eines Baumes nach der Bewegung des Gestirnes drehen.

Diese Männer stehen da wie ein Sternbild, und jede Bewegung, die sie tun, ist wie die Bewegung einer Bahn, sie gehen nicht, sondern die Bahn des Gestirnes geht sie. Und doch sind es Menschen mit einem Willen, aber sie sind so mit der ganzen Ordnung der Welt verbunden, daß ihr Wille nicht in Konflikt gerät mit der Bahn, die sie bewegt.

Es ist falsch zu sagen, daß diese Männer nichts tun. Das »Nichtstun« ist hier die Art, da zu sein, es ist wie eine Tätigkeit und es ist wichtig, daß in einer Zeit, wo nur das Dynamische als Dasein gilt, auch die Nichtbewegung noch als eine Form des menschlichen Seins vorhanden ist. Wahrscheinlich wird die Dynamis der menschlichen Bewegung heute darum vor ihrer letzten Maßlosigkeit bewahrt, weil ein paar Menschen noch passiv, stabil sind, diese halten die anderen, sie hemmen sie, die Fliehenden, die Männer hier sind passiv, stabil, nicht nur für sich selbst, sondern noch viel mehr für die anderen.

Ich redete mit einigen Männern, sie merkten gar nicht, daß sie untätig sind, und sie wollen es auch nicht sein, sie streben darnach, von Cortona fortzukommen, nach Arezzo, Florenz, Mailand oder Rom, in die großen Städte, auch bewegt zu sein und zu bewegen, viel Geld zu verdienen.

Hätten sie diesen Willen nicht, von der Inaktivität loszukommen, so wäre ihr Dasein denkmalshaft und also unmenschlich. Menschlich wird diese Inaktivität erst dadurch, daß sie nicht starr ist, daß sie bewegt ist durch das Streben des Menschen, der Mensch rüttelt an der Inaktivität.

18. September

Im Palazzo Pretorio, dem alten Gerichtsgebäude, an der Piazza Signorelli, hinter dem Platz, wo die Männer sind, ist das Museum mit einigen Bildern italienischer Maler aus dem 14. Jahrhundert, zwei ägyptischen Mumien, einer alten Malerei auf Schiefer, etruskischen Graburnen und der berühmten etruskischen Bronzelampe. Ein Gorgonengesicht ist am unteren Teil der Lampe, darüber sind Meereswogen mit Delphinen, Tieren, die kämpfen, und Satyrn, sie erheben sich aus der Fläche ein wenig als Relief: es ist, als hätten sich die Delphine und Sirenen und die Satyrn im Spiel in der Fläche der Bronze versteckt und als seien sie, – sie, die Zaubernden, selbst verzaubert, – nicht mehr ganz aus dem Versteck der Bronze herausgekommen.

Wohltuend ist die Art des Museums, nichts ist hier feierlich, wie sonst in den Museen, wo man den Ernst, den man gegenüber der Kunst im täglichen Leben nicht hat, durch die Feierlichkeit des Museums nachzuholen sucht. Die alten Dinge sind hier wie zufällig versammelt, wie Menschen, die einander auf einer Reise begegnet sind und die ausgemacht haben, sich in der nächsten Stadt wieder zu begegnen. Die Dinge hier sind unaufdringlich da, sie fordern nichts von dem, der sie anschaut.

Eine Allee von Zypressen ging am Ende der Stadt von der Straße ab auf ein Herrenhaus zu. Es war fast Mittag, überall war helles Licht, nur dort nicht, wo die Zypressen waren, sie säumten das Licht ein mit zwei breiten Streifen Nacht.

Der Freund sagte: »Wenn es einmal keine Nacht mehr gibt auf der Erde, wenn die Menschen durch das künstliche Licht auch den letzten Rest der Nacht vertrieben haben, dann werden die Zypressen die Erinnerung sein an die zerstörte Nacht. Aber wahrscheinlich werden dann auch keine Zypressen mehr sein.«

Wir gingen zurück, an der Piazza vorbei, wo die Männer sind. Wenn sie sich hin und her bewegen, langsam, so ist es wie auf einem Steinfelsen der Schatten, der, wenn sich die Sonne bewegt, wechselt, aber der Steinfelsen kümmert sich nicht darum.

Es gibt zwei Gasthöfe in Cortona, sie liegen einander gegenüber, am gleichen kleinen Platz, es ist wie ein einziger Gasthof, der durch den Hof in zwei getrennt ist. Wir wohnen in dem einen, es ist ein alter Palazzo.

Vom Zimmer aus sehe ich auf die Hügel am anderen Rande der Ebene, auf denen Montepulciano und Sinalunga liegen und unten auf den Trasimenersee.

Ich fühle mich wohl hier, ich begreife nicht, daß ich erst vor zwei Tagen nach Cortona gekommen bin und daß ich wieder in einigen Tagen fortgehen soll, es erscheint mir nicht wie etwas Wirkliches, daß ich fortgehen soll, sondern wie im Traum von jemandem mir befohlen.

Das elektrische Licht brennt nicht, eine Kerze ist in meinem Zimmer, das Bad kann nicht benützt werden, am Badeofen fehlt ein Teil. Aber noch nie habe ich so gemerkt wie hier, was eigentlich das elektrische Licht und was ein Badezimmer sei: gerade weil sie nicht funktionierten, waren sie ungemein deutlich, überdeutlich, herausfordernd durch die Überdeutlichkeit. Und überdeutlich waren sie, weil ihre Erscheinung sich nicht mit der Funktion verband, sie waren nur da: die elektrische Leitung mit der Lampe an sich, das Bad an sich, reine Erscheinung vor allem Gebrauch, die Erfindung des elektrischen Lichtes und des Badeofens schien hier noch nicht bis zur praktischen Verwendung fortgeschritten, es war alles hier erst nur wie Plan, – das war ein wenig unheimlich, aber noch mehr komisch als unheimlich.

20. September

Heute erkrankte der Freund an Scharlach. Der alte Dr. S. kam, und schon als er in der Türöffnung stand, ging etwas Heilendes von ihm aus. Das charakterisiert den wirklichen Arzt, daß, ehe er den Kranken untersucht, das Heilende von ihm zum Kranken geht, das Primäre beim Arzt muß das Heilende sein. Sein Gesicht war ernst, ein in jedem Augenblick sich neu erzeugender Ernst, der bereit war, auch in Heiterkeit umzuschlagen.

Er besuchte den Freund dreimal am Tage, und jedesmal, wenn er kam, war es, als sei er immer dagewesen, im Zimmer nebenan.

Der Freund war bald ganz gesund, wir blieben noch einige Tage, der Arzt kam nicht mehr. Nie hatte er nach unserem Namen gefragt, auch die Wirtsleute nicht, nur beim zweiten Besuch sagte er, wir seien wohl Fremde.

Nun gingen wir in sein Haus, wir wollten uns bedanken für die Hilfe und der Freund wollte ihn dafür bezahlen. Er lehnte es ab, Geld zu nehmen, durchaus, und zwar darum, weil ich Arzt sei, von dem Freunde eines Arztes könne er kein Geld nehmen. Aber er habe einen Wunsch, in Italien gebe es keinen guten Schweizerkäse und der Freund solle ihm ein Stück schicken. Er habe aus seinem Gut in den Bergen einen runden Schafkäse mitgebracht, den Schafkäse wolle er tauschen gegen den Schweizerkäse.

Dann bat er uns, mit ihm auf die Terrasse seines Hauses zu gehen, wir sahen hinunter auf die weite Ebene mit den Hügeln dahinter. Aber der Arzt war mir viel gegenwärtiger als die schöne Landschaft, ich sah nur ihn. Er fuhr mit dem Arm in einem langsamen Bogen über die Landschaft hin und sagte, das sei schön, dann drehte er sich um und deutete mit der gleichen Erhebung des Armes auf das Nachbarhaus: »Dieses Haus gehört auch mir«, fügte er hinzu, ein wenig stolz. Das gefiel mir sehr. Er hatte das Geld des Freundes nicht zurückgewiesen, weil er das Geld und den Besitz geringschätzte, er freute sich, daß er zwei Häuser in Cortona und ein Landgut in den Bergen besaß, er freute sich sicher auch, wenn er für seine ärztliche Arbeit Geld bekam, er wußte, was Besitz war, aber er wußte auch, daß er aufhören wollte, dort zu besitzen, wo etwas ganz und gar anderes anfing: die Noblesse.

Wir gingen von seinem Hause in die Via Nazionale bis zum Stadtgarten. Hier hatten wir die gleiche Aussicht ins Tal und in die Berge dahinter, wie von der Terrasse des Arztes aus. Jetzt konnte ich auch sehen, wie weit die Ebene war. Es war nicht die zerfließende Ebene der Steppe, es war eine geformte Weite, machtvoll war sie, als vermöchte sie die Berge hinter ihr wegzuschieben und sich noch mehr auszudehnen, sie duldete die Hügel neben ihr, wie ein Schiff die Vögel auf sich, die mit ihm ein Stück Weges fahren.

Der Freund sagte: »Die Ebene ist weit, als ob ein Gott durch sie hindurchgeflogen wäre, weit geworden ist sie durch den Flug eines Gottes in ihr.«

24. September

Vom Bahnhof gehe ich durch den Corso in die Stadt, links und rechts sind die Häuser, wie überall in der Nähe der Bahnhöfe: als seien sie nur provisorisch hingestellt, daß sie rasch gebraucht und rasch wieder verlassen werden, – aber das Unfertige, Provisorische bleibt da, weil es eine Masse, fast etwas wie eine Welt geworden ist.

An der Piazza Mantegna ist die Kirche S. Andrea. Man erschrickt ein wenig vor der weißen Marmorfassade, es ist, als halte plötzlich etwas vor einem an, ein ungeheures Fahrzeug aus Stein, die Häuser rings herum sind wie hergebracht von ihm, abgeladen neben ihm. Der Bau liegt jetzt da, wie etwas, das man vergessen hat wegzuführen, nachdem es die Fracht gebracht hat.

Ich bin am Rande der Stadt, am Fluß, am Mincio, er fließt kaum, er ist hier wie ein sumpfiger See, es ist wie Wasser, das krank ist und darum sich nicht bewegt.

Nichts in Mantua hat mir einen so großen Eindruck gemacht wie dieses gestaute, sich selbst schluckende Gewässer des Mincio vor der Stadt. Es lag da wie eine breite böse Schlange, die verdaut. Die Ebene jenseits des Flusses schien leer gefressen von dem verdauenden Tier. Der Raum war leer. Jetzt war es die Zeit, die daran war, weggesogen zu werden. Die Zeit selber bewegte sich kaum mehr, sie stand still, wie der Fluß, sie war, auch sie, aufgesaugt von dem Tier. Wäre das Wasser durchsichtig gewesen, so hätte man am Grunde von ihm die

Zeit tot liegen gesehen. Aber ein Schleier lag im Wasser, eine Trübnis, es war die Trübnis des kranken Wassers.

Ein paar Bäume standen noch an der Straße, gedrückt, gebeugt, es war, als ob sie einwärts gegen die Erde zu wachsen würden, vor Schreck.

Ein Mann stand auf einer Barke im Gewässer. Er war ein wenig nach vorne gebeugt, gegen ein Netz, das im Gewässer lag. Es war, als bliebe er immer so, wie jetzt, ein wenig nach vorne über das Netz geneigt und auch so bleibend, wenn die Barke unter ihm weggezogen würde: schräg über die Fläche des Wassers sich haltend, wie der stehengebliebene Uhrzeiger der Zeit.

CREMONA

25. September

Ich war schon zweimal in Cremona gewesen. In der Erinnerung war mir nur die Piazza del Comune geblieben, der alte Hauptplatz, mit dem großen achtstöckigen Turm und der weißen Fassade des Domes, noch deutlicher aber das Baptisterium: es stand da wie ein ungeheuerer Grenzstein am Ende einer Straße des römischen Imperiums. Immer größer wurde der Stein in der Erinnerung, er wuchs, und alles, was neben ihm war, nahm ab, auch der achtstöckige Turm, er sank langsam ein. Die übrige Stadt war in der Erinnerung nur ein Steindurcheinander.

Nun war ich wieder in Cremona. Ich ging vom Bahnhof bis zur Piazza del Comune. Es war kein Zusammenhang zwischen der neueren Stadt und der alten Piazza del Comune. Diese war für sich mit ihren Bauten, und die übrige Stadt war für sich. Die Stadt hat eine neue Mitte, die Piazza Roma, mit Bäumen und Blumenbeeten und Cafés rings herum. Diese Piazza Roma war nicht einmal gegen die alte Piazza del Comune gerichtet, sie war so da, als wäre sie zuerst gewesen und allein; die alte Piazza del Comune mit dem Dom, dem Turm und dem gotischen Rathaus erschien nur noch wie etwas Zufälliges, wie ein Eisenbahnwagen, den man irrtümlich abgekoppelt hatte und der stehengeblieben war.

Es dämmerte. Die Lichter wurden nicht gleich angezündet, man ließ hier dem Abend noch ein wenig das Dunkel, es war nicht wie in der großen Stadt, wo nach dem ausgehenden Tag nicht die Nacht kommt, sondern das grelle Licht, an dem ein paar Fetzen von Dunkel hängen. Hier ging langsam, da und dort, ein Licht auf, in einem Geschäft, an der Straße, an einem vorbeifahrenden Wagen, die Menschen schienen sich noch zu freuen an den aufgehenden Lichtern. An der Piazza Roma standen sie vor den Cafés, die jetzt hell waren vom Licht, es war noch ein Geschehnis hier in der kleinen Stadt, daß das Licht kam.

Beim Nachtessen im Albergo Roma: mir gegenüber, an der anderen Wand des Saales, aß ein Lebemann, er hatte kein eigenes Gesicht mehr, das Gesicht war nur noch das Spiegelbild der Prostituierten, die er gekannt hatte: das Weiß seiner Augen war aufgequollen, wie herausgestoßen von dem schiefen Hurenblick, von dem er immer getroffen worden war, die Wangen waren löcherig, das hohle Lachen dieser Frauen hatte an die Wand der Wangen geschlagen und sich darin Höhlen ausgegraben. Er hielt oft beide Hände an die Fläche der Wangen, als könne er das Echo dieses Lachens, das noch immer aus den Höhlen drang, selber nicht mehr ertragen. Das Leben dieser Frauen war wie lebendig begraben in diesem Gesicht.

Am Ende des Saales war eine Frau, die die Menschen anschaute mit einem langsamen freundlichen Blick. Die Augen wurden noch freundlicher, je länger sie schaute, es war als nähre sie die Augen, indem sie ihnen zu schauen gab.

Eine andere, sehr schöne Frau, saß neben ihr. Es war, als ob bei diesem Gesicht Verschiedenes habe ausgeschieden werden müssen, bis das Schöne zustande kam. Das Ausgeschiedene war aber im Gesicht geblieben, überwölbt von dem Schönen. Schöner als die Schönheit selber ist es, wie das Schöne sich zurückwendet zu dem, was ausgeschieden werden mußte, damit es schön werde, und dieses Zurückwenden zeigt sich in einer Scheu des schönen Gesichtes.

26. September

Heute morgen war ich wieder auf der Piazza mit den alten Bauten. Der römische Grenzstein meiner Erinnerung, das Baptisterium, war in der Wirklichkeit herabgesunken, er war kleiner geworden.

Die Fassade des Domes war sehr weiß. Die Vögel flogen an beiden Säulenreihen der Fassade herum, hin und her, sie zwitscherten im Flug, es war, als entstünde das Zwitschern, wenn sie mit ihren Flügeln die weißen Säulen streiften.

Der Fassade entlang gehen zwei Reihen von Säulen mit Bögen, über dem Portal ist ein Vorbau mit Heiligenfiguren, über der Rosette sind wieder Heiligenfiguren, darüber drei Rundtürmchen, die Fassade ist sehr ausgeformt; von den Seiten des Domes her drängt sich viel dickes Mauerwerk an, als warte es darauf, hier auch geformt zu werden.

Ich gehe wieder nach vorne auf den Platz. Die Vögel fliegen noch vor der Fassade herum, noch mehr fliegen über dem Dom, dichte Schwärme; wie eine dunkle Wolke ist es, – aber wenn der Schwarm zwitschert, wird es wie eine helle Wolke.

3. Oktober

Der See, das Ufer beim Hafen, der Berg, der sich vom Ufer aus erhebt, der Himmel darüber, – es ist von jedem nur ein wenig da: am Ufer sieht man nicht viel vom See, der Uferplatz ist schmal, der Berg geht mit einem Sprung in die Höhe, der Himmel darüber ist wie abgeschnitten.

Die Fassade des Domes steht so plötzlich vor mir, daß ich ein wenig erschrecke. Ich merke wieder, daß es ein Akt ist, ein Geschehnis, daß der Mensch eine Mauer aufwärts vom Boden errichten kann. Wohl gehen die Mauern aller Häuser aufwärts, aber meistens ist es so, als sei das, was kurz vorher am Boden lag, jetzt nur anders aufgestellt, nur ein wenig verschoben nach oben. Hier aber, bei der Fassade des Domes, spüre ich: eine Entscheidung ging voraus, daß die Mauer sich erheben solle.

Ich fuhr dem Ufer des Sees entlang. Das Schönste waren die Ölbäume, sie standen an den Hängen wie grüne Fallschirme, eben herabgelassen vom Himmel, eben hatten sie den Boden berührt, sie standen aufrecht, noch gehalten vom Himmel.

Es ist Mittag, ich stehe wieder vor dem Dom, so plötzlich steht er wieder vor mir: es ist, als sei, wie bei einer übersättigten Lösung, etwas in die blaue Lösung der Luft geflossen und dann die Steinwand aus der Luft herausgefallen.

Ich aß in einem kleinen Wirtshaus hinter dem Dom. Hier war Como wie eine sehr kleine Stadt von 3–4000

Einwohner, die Häuser erschienen zu hoch gebaut, auch wenn sie nur zwei oder drei Stockwerke hatten, und die Menschen sahen aus, als säßen sie den ganzen Tag vor ihren Häusern und schauten den Vorübergehenden zu.

Die Wirtin ging von Tisch zu Tisch, ein wenig Freundlichkeit austeilend, so wie an jedem Tisch das Brot ausgeteilt wurde.

In meiner Nähe saß ein Mann, heftig stieß seine Nase nach vorn, die Augen betrachteten nichts zufällig, jeder Blick zielte auf etwas, die Stirne war ein fester Halt, von dem aus er den Mut haben konnte, in die Welt vorzustoßen. Aber die untere Hälfte des Gesichtes ging zurück, das Kinn fiel noch weiter nach hinten, es war eigentlich gar nicht da.

Hatte dieser Mann viel geplant, aber fehlte ihm das Fundament, um die Pläne auszuführen?

Zwar, der Mensch ist mehr als sein Gesicht, der Mensch fängt erst dort an, wo er eine solche Diskrepanz, wie sie in diesem Gesichte war, durch den Geist überwindet. Aber der Mensch heute ist so sehr isoliert, daß er fürchtet, er würde sich durch den Akt der Freiheit, mit dem er sich über seine Anlage erheben sollte, noch mehr isolieren, es ist ihm, als löse er sich auch noch vom Letzten, an das er gebunden ist, von der Anlage. Darum, scheint mir, legt der Mensch heute so viel Wert auf die Anlage, Rasse, Konstitution, Typus: der Mensch hat den wahren Zusammenhang nicht mehr, er sucht einen Ersatz in der Bindung an die Anlage, an den Typus usw.

Ein Bauer saß auch am Tisch. Schön war zu sehen, wie die Lineatur des Gesichtes aus der Masse des Fleisches herauskam, wie sie von ihr gezeugt wurde und wie es hin und her ging zwischen Form und Materie. Die meisten Gesichter heute sind entweder nur Materie ohne wirkliche Form – die Lineatur ist dann nur eine Bewegungsform der Masse –, oder aber das Gesicht ist nichts als Lineatur, nicht erhoben über die Materie, sondern letzter Rest der Materie, die sich gerade noch als Linie kundgeben kann.

Uns gegenüber, am nächsten Tisch, saß ein Mann: ganz und gar verlassen war sein Gesicht, wenn er geradeausschaute. Aber immer, wenn er sich seitwärts wandte, im Profil, war im Gesicht ein kleines Lächeln. Die Verlassenheit vorne war immer, das Lächeln von der Seite her war auch immer. Lächelte er von der Seite her über seine eigene Verlassenheit?

Die Türe in der Mitte der Wand uns gegenüber war offen geblieben, man sah in den anderen Eßsaal. Der Freund sagte plötzlich: »Sieh' den kleinen Mann am zweiten Tisch!« Er aß anders als wir alle, unsre Bewegungen beim Essen waren wie rationalisiert, wie nach dem Taylor-System ausprobiert: kürzeste, nützlichste Bewegung der Hand vom Teller bis zum Mund, direkte, zielhafte Bewegungen. Der kleine Mann aber dort mit dem blonden Schnurrbart führte seine Hand in einem langsamen und weiten Bogen hin zum Mund, die Bewegung der Hand war eine Bewegung über ein weites Feld. Wenn er zu den anderen Menschen hinschaute, war es der Blick des Bauern, der auf dem Markt eine Ware sieht, die ihn nichts angeht.

Der Freund sagte: »Oft treffe ich dieses Männlein, es ist immer ein anderes, aber immer das gleiche. Zuerst begegnete es mir in Blaubeuren. Ich kam von Ulm her, um den Hochaltar in Blaubeuren zu sehen. Als ich ausstieg, war plötzlich ein kleiner Mann neben mir, er ging mit mir, als ob wir schon viele Stunden miteinander gewandert wären. Es war mir nicht recht, daß er neben mir herging, ich wollte allein sein. Er fragte, ob ich auch nach Blaubeuren zum Wallfahren gekommen sei. Ich schüttelte den Kopf und wollte so die Frage und ihn selber wegschütteln. Ich ging rasch voraus.

Im Benediktinerkloster, vor dem Hochaltar erst, hielt ich an. Niemand war in der Kirche als ich. Die Figuren des Hochaltars kamen aus dem Holz heraus wie nach einem langen Weg im Holz, der Weg war zu Ende, sie waren beim Ausgang angelangt und standen wieder im Licht, es war wie eine Rückkehr nach einer langen Reise, ein Fest, die heitere Unruhe der spätgotischen Figuren paßte für das Festliche.

Ich schämte mich ein wenig, allein vor diesen Heiligen zu sein, denn ich bin ein Jude, vor mir, mir gegenüber, waren sie aus dem Holz getreten, fast für mich. Ich hätte mich am liebsten versteckt. Da öffnete sich hinten die Türe, das Männlein kam herein, es lehnte sich an die hinterste Kirchenbank, es wartete und bewegte sich nicht. Ich weiß nicht, ob es zu mir herschaute, ich ging gleich fort aus der Kirche, ich wollte dem Männlein nicht begegnen, ich ging in den Hof nebenan, aber als ich von einer kleinen Erhöhung, ohne es zu wollen, in die Kirche hereinschaute, sah ich, wie das Männlein nicht direkt auf den Hochaltar zuschritt, sondern langsam der Wand entlang sich nach vorne bewegte.

Ich ging fort, vergaß auch bald das Männlein, aß in einer kleinen Wirtschaft irgend etwas zu Mittag und suchte dann den Blautopf; das ist ein kleiner rundlicher Teich, wo die Blau entspringt, ein Nebenfluß der Donau.

Auf einmal saß das Männlein neben mir: ›Ja‹, fing es gleich an, ›ich habe gelobt, zur Lieben Frau von Blaubeuren zu wallfahren, wenn mein Bein wieder gesund wird. Zu Fuß zu wallfahren, habe ich gelobt, von Biberach komme ich her, vierzehn Stunden war ich unterwegs, im Spital war ich in Biberach, der Jude von Ravensburg ist schuld, daß ich das Bein gebrochen habe, ich war Knecht bei ihm, ich habe ihm das Vieh hergetrieben von Aulendorf heim nach Ravensburg, es war nachts, das Haus war geschlossen, als ich nach Ravensburg kam, ich klopfte, niemand hat aufgemacht, ich habe im Heustock schlafen müssen und bin in der Nacht den Heustock hinuntergefallen, ich habe das Bein gebrochen.‹ «

Der Freund fuhr fort: »Mir war, als hätte ich Teil an der Schuld des Ravensburger Juden, wie ich das Männlein so neben mir sitzen sah, immer kleiner werdend, immer mehr zusammenschrumpfend durch das Unheil, aber zugleich kam ich mir auch unschuldig vor, doch ich war nur von meinem Verstand freigesprochen, irgendwie war ich umwickelt von der Schuld und von dem Unheil, ich wollte fort, heftig abbrechen, ich griff in meine linke Hosentasche, holte all mein Geld heraus und drückte es dem Männlein in den Hut, den er, ihn immer am Rande herumdrehend, vor sich hielt. ›Ich bin auch ein Jude‹, sagte ich. Das Männlein fiel um, die Bank hinunter, es ward ohnmächtig, ich hob es auf die Bank, legte es hin und kühlte seine Stirne mit dem Wasser der Blau, bald kam es wieder zu sich, und als es anfing, sich aufrecht zu setzen, ging ich fort, ich traute mich nicht es anzusehen, ich schämte mich.

Ich wußte sofort, daß ich das Böse getan hatte, als ich das Männlein erschreckte mit dem Satz, ich sei ein Jude, und daß ich ihm noch dazu das Geld gab, das war das Böseste. Damals schien es mir, daß ich noch nie so etwas Niedriges getan hätte.

Aber seltsamerweise wußte ich auch, daß ich mit dem Männlein von jeher verbunden war und daß ich es immer sein würde. Es schien mir, daß am Ende meines Lebens das Männlein mich erwarten würde dort, wo man vor der Seligkeit oder vor der Hölle ist, und daß, wenn man mich nicht in die Seligkeit gelangen läßt, das Männlein auch nicht in sie hineingehen will, obwohl die Tür für es weit offen ist. Das ist mir oft ein Trost gewesen.

Und noch mehr Trost war mir, daß das Männlein mir da und dort wieder erschienen ist, auch einmal in Palermo, es saß in der kleinen Wirtschaft hinter dem Museum, blond unter den schwarzen Sizilianern, zwanzig Jahre waren vergangen, immer noch war es nicht grau, auch jetzt ist es noch blond, der Hut ist immer noch der gleiche, schwarz, mit dem breiten Rand, nie schaut es mich an, der Blick von ihm zu mir wäre nur ein Zeichen der Unsicherheit.«

CASLANO

4. Oktober

Ich bin wieder daheim.

Es war wie immer, die Männer saßen an der Landungsbrücke, sie waren wie ein Teil des Wassers, an dem sie saßen, und ein Teil der Erde, auf der ihre Bank stand.

Wir machten noch gestern, als wir ankamen, den Weg über den Golfplatz nach Magliaso, wie immer, jeden Tag.

Zuerst kommt man auf eine Straße, die langsam zwischen den paar letzten Häusern des Dorfes daherzieht, es ist eigentlich eine Straße, an der viele Häuser hätten stehen und auf der viele Wagen hätten fahren können, aber so, wie sie daherläuft an den letzten Häusern, nur selten ein Wagen auf ihr, hat sie etwas Bekümmertes.

Dann plötzlich biegt die Straße um, man ist mitten im Feld, die Straße scheint selbst ein Teil des Feldes. Wohl ist sie voll graubrauner Erde, aber es ist doch nur Erde, auf der das Wiesengras noch nicht gewachsen ist, und so sehr gehört der Weg nun der Wiese, daß es scheint, als würde das Gras nur in dem Augenblick zurückweichen, da der Mensch über sie geht, und als würde hinter ihm das Gras sich wieder über dem Weg schließen.

Nun kommt wieder eine Biegung und jetzt in der Ferne hört man den Fluß, weiße Birken stehen an seinem Ufer, das Weiß der Birken ist wie der Schein vom Glanz des Wassers. An diesem Schein ahnt man den Fluß, ehe man ihn selber sieht. Der Weg war jetzt links und rechts von niederen Mauern umsäumt, der Weg war nun selber wie ein Fluß, der zwischen den Mäuerchen zum großen Fluß hingeleitet wird.

Aber unser Weg nach Magliaso bog davon ab, er war jetzt ganz schmal, er bog ein wenig nach links; da war man unter einer Reihe Eichbäume, es war wie ein Wald, vergessen war die Wiese, vergessen der Fluß. Dann wendet sich der Weg ein wenig nach rechts, wieder den Wiesen zu, er selber scheint zu suchen, der Weg geht wie ein Tier voraus und sucht für den Menschen.

Jetzt stand man plötzlich am Fluß. Nicht viel Wasser war darin, und doch war über dem Wasser ein großes Rauschen: es war, als sei alles Wasser in das große Rauschen hineingeflossen, das Flußbett war fast leer und voller Steine, die Steine waren herausgefallen aus dem Rauschen, einsam lagen sie da.

Ein schmaler Holzsteg führte über den Fluß. Es war wie eine Brücke über eine steinige Mondlandschaft, und das Rauschen über den Steinen erschien jetzt auf einmal wie das Tönen des Mondes, wenn er sich bewegt.

Jenseits der Brücke war Magliaso. Es war einem, als sei man selber aus dem Rauschen des Flusses herausgefallen und man konnte fast nicht weiter.

Aber jetzt war der schmale Weg wieder da, wie eine helle Schnur zog er sich bis zum Dorf, von dorther hörte man die Stimmen der Menschen, und es war, als zöge die Stimme der Menschen uns an der Schnur des Weges hin zum Dorf, hin zu den Menschen, zu denen wir gehörten.

Abends

Wir spazierten am See. Eine schwarze Wasserschlange, nahe am Ufer, war daran, einen Frosch zu verschlingen, die Beine ragten noch, sich wehrend, aus dem Schlangenmaul empor. Ein Mann, der Schuhmacher, ging vorbei und im Vorbeigehen rief er: »Eines frißt das Andere auf, das ist die Natur.«

Vielleicht hat der Schuhmacher recht, vielleicht frißt das eine das andere auf in der Natur, aber wie selten *sieht* man es, es ist fast immer verdeckt, es ist mehr Natur, die nicht mordet, sichtbar, als mordende, die mordende Natur wird fast nur durch einen Zufall gesehen. Das *Bild* der Natur ist ohne Mord.

Heißt das nicht, daß der Mensch sich an das halten soll, was er unmittelbar sieht, an das Bild? Und ist nicht in diesem Bild der Natur noch etwas von der Unversehrtheit des Paradieses? Und ist nicht das Tröstliche der Natur dies, daß alles Morden in ihr sich ducken muß unter das Bild der paradiesischen Spur?

Wohl soll der Mensch forschen, was unter dem Bilde ist, aber er darf nicht vergessen, daß über allem Schrecken des Erforschten das Bild der paradiesischen Spur liegt. Das Bild über dem Morden hätte nicht die Schönheit und auch nicht die Spur der Unschuld, wenn das Morden darunter allein wichtig wäre. Und ist das Bild über dem Morden nicht ein Zeichen der Verheißung, daß alles Schreckliche unter ihm einmal wieder gutgemacht werden soll und daß das Bild seinen schrecklichen Untergrund einmal aufsaugt und verschwinden läßt?

»Aber der Mensch? Des Menschen Morden?«

Wo der Mensch mordet, da ist kein Bild da, kein Bild des Menschen, das den Mord zudeckt. Wenn ein Mensch gemordet wird, ist der Mord ungeheuerlich da, es ist dann mehr Mord da als Mensch. Der Mord durchbricht das Menschenbild des Gemordeten und des Mörders, das Menschenbild überhaupt ist dann zerrissen, auseinandergerissen.

Und doch ist mir, als geschähe aller Mord wie unter der Erde, in Kellern und Löchern, und selbst der Krieg wie unter der Erde, in einem Raum, dessen Decke oben gesprengt ist, aber trotzdem noch wie unter der Erde: irgendein großes Auge muß wohl da sein, das über alles Morden schaut und es unter die Erde versenkt.

Der Mensch ist mehr geschützt, als er es weiß, es wird ihm mehr zugedeckt, als er selbst zudecken könnte. Ein großes Vorverzeihen ist über allem Tun des Menschen. Wieviel Schreckliches geht von morgens um 6 Uhr, wenn er aufwacht, bis zum Abend 10 Uhr, wenn er einschläft, durch die Seele und durch den Geist des Menschen hindurch. Der Mensch ist nicht imstande, alles Schreckliche zu tun, er ist geschützt gegen sich selber. Wir sind mehr gerettet, als wir wissen.

NACHWORT

Ursprünglich lautete der Titel dieses Buches, das 1951 im Eugen Rentsch Verlag, Erlenbach b. Zürich, erschienen war, »Zerstörte und unzerstörte Welt«. Sein Inhalt besteht aus Tagebuchnotizen von Reisen nach Italien in den Jahren 1949/50, nach dem Zweiten Weltkrieg; Max Picard zeigt darin, wie das Unzerstörbare mitten im Zerstörten weiterlebt, und er denkt dabei weniger an den Krieg als an unser sonstiges Verhalten, das zum Untergang aller menschlichen Werte führt. Das Unzerstörbare erkennt er im Bedeutsamen, das einem in Geschehnissen und Gesichtern lebendig-menschlich entgegenblickt, das in Bildern und Bauten, in Städten und Landschaften vor einem steht und das wieder ein Unzerstörbares in der eigenen Person wachruft.

Zum Besonderen dieses Buches gehört es, wie Max Picard das Richtige als unmittelbaren Abdruck eines Absoluten erkennt und das Zerstörte als seine Gegenwirklichkeit, durch welche aber die wahre Wirklichkeit um so eindrucksvoller erscheint.

Das Heile und der Zerfall bildeten überhaupt das Thema der Werke von Max Picard: Titel wie »Der letzte Mensch«, »Das Menschengesicht«, »Die Flucht vor Gott«, »Die Grenzen der Physiognomik«, »Die unerschütterliche Ehe«, »Hitler in uns selbst«, »Die Welt des Schweigens«, »Der Mensch und das Wort« deuten den Kern der Sache an, die er in ihnen dargestellt hat. Es ist die entscheidende Wirklichkeit des Rechten und des Verkehrten, des Guten und des Schlechten, welche uns alle in irgendeiner Weise bedrängen.

Während in diesen Büchern Erkenntnis und Urteil notwendig entschieden sind, ist die Betrachtung im Tagebuch aus Italien gemildert, so daß das Nichtige nur zu einem dunklen Hintergrund wird. Es wäre nämlich kein frohes Reisen, das nur vom Erkennen und Urteilen bestimmt wäre; zum Reiz und Glück des Reisens gehört es auch, daß fast jeder Schritt die Wiederaufnahme einer ursprünglichen Liebe sei, die in uns verborgen war, – fährt man nicht auch fort, damit sie sich öffne? Erkennen und Urteilen werden dann von ihr durchdrungen, wie das immer bei der Liebe geschieht. So widerspiegelt das Buch das Wahre in seinen mannigfaltigen Erscheinungen, wie es in Wirklichkeit ist, das Zerstörte neben dem Unzerstörbaren, als wäre auch es gemäßigt durch die milde Mittelmeerluft, die man von Ort zu Ort, von Seite zu Seite zu spüren glaubt.

Der Leser erfährt sicher gern auch einiges über diesen Reisenden, und darüber, wie seine Lebensweise mit diesem Buch verbunden war.

Max Picard war ein großer Spaziergänger. So liebte er es z.B., frühmorgens zu Fuß auf dem nah gelegenen Markt über der Grenze einkaufen zu gehen oder auf einer Reise aus einem öffentlichen Verkehrsmittel auszusteigen und dann die nächste Stadt, auch wenn sie stundenweit entfernt war, zu Fuß zu erreichen. Es verging daheim auch kein Tag, an dem er nicht einen längeren Spaziergang machte. Er kam dabei gern mit Menschen ins Gespräch, mit Handwerkern, Geschäftsleuten, alten Bäuerinnen, mit Armen und Reichen, mit wem es auch war, und er hatte die Fähigkeit, dem Besonderen in ihnen zu begegnen, das für ein Leben charakteristisch ist oder das ein Schicksal ausmachen kann.

Er war also gerade kein »wandernder Philosoph«, der seine Gedanken »er-geht«. Max Picard war vielmehr ein Seher, der beim Gehen primär einmal nur sah – »sehe ich nicht, dann ist es mir, wie als ob ich nicht lebte«, so sagte er –, und erst sekundär entwickelte sich aus dem Sehen heraus das Wort. Das Gesehene erschien ihm als Bild, das dann durch seine der alemannischen Mundart nahen, wahrheitsgetreuen Sprache entweder zur Dichtung in Prosa oder zum einfachen und grundsätzlich philosophischen Wort des »Schau, so ist es« wurde.

Ein solches Gehen ist ein Ausdruck von Freiheit, die tiefer reicht als sogar Erkenntnistrieb oder Naturverbundenheit. Die Wirklichkeit zeigt sich dann in der Selbständigkeit, die sie uns erst eigentlich interessant macht. Dann kommt durch sie dem Menschen auch ein »Mehr« zu – ein Grundbegriff von Max Picard –, die Fülle und Dauer, die im eigenen Innern doch immer nur in Unterbrechungen gegenwärtig sind.

In dieser selbständigen Wirklichkeit bewegen sich dann Dinge und Geschehnisse von Tag zu Tag, von Ort zu Ort wie von selbst zu uns hin.

Auf diesem Weitergehen, das die Dinge aus sich selbst haben, beruht auch das Erzählerische dieses Buches – es ist, wie Max Picard es nannte, das Erzählende der Dinge selber. Diese richten sich dann wie von selbst auf den Zuhörer und Leser hin.

Im Gespräch hat er nur selten in philosophischen oder religiösen Begriffen gesprochen; er nannte sich auch niemals einen Philosophen, noch weniger einen Seher; vor allem war er ein Erzähler. Er erzählte so, wie er auf Reisen und Spaziergängen lange gehen, dann wieder stehenbleiben und lange sehen konnte. Von Menschen und Dingen konnte er nur in dieser Weise erzählen, weil er – man kann es nur so ausdrücken – das Erzählende der Dinge selber sah. Er sah es in Bildern, ohne das Pointierte, Gewollte, das wir oft hinzutun. Deshalb gehörten auch Herodot, Gotthelf und J. P. Hebel zu seinen Lieblingsschriftstellern: die erzählende Macht der Dinge und Geschehnisse kommt bei ihnen zuerst, als würde erst darauf das Wort folgen, das von ihnen spricht.

So ist dieses Buch, um es mit einem Wort zu sagen, kein aus einer Konzeption entstandenes Werk, sondern ein Buch von Bildern über Bilder, und bildhaft, nicht etwa romanhaft, steht auch das Erzählte vor dem Leser, und in Bildern gemildert auch jenes Absolute, von dem Picards Bücher ausgehen.

Mit Rücksicht auf eine Veröffentlichung dieses Buches in der Reihe »Reisen um glücklich zu sein« wurde der ursprüngliche Titel auf Wunsch des Verlages geändert. Wir hoffen nun, daß der neue Titel *Nach Santa Fosca* dem schauenden und dem erzählenden Element dieses Buches gerecht wird. Santa Fosca, auf der einsamen Laguneninsel Torcello bei Venedig, jener Rundbau aus der Jahrtausendwende, den ein achteckiger Bogengang umgibt, ist nur ein, doch der am meisten östlich gelegene Ort der Reise, kein Reiseziel, vielmehr nur eine Reiseetappe, die darauf wartet, daß der Erzählende vorbeikomme, sie erfasse und im Erzählten weitergebe und sich dann wieder von ihr entferne.

Etymologisch leitet sich das Wort aus einer Wurzel her, die »Dunkel« bedeutet; wird das Wort jedoch zu einem Namen, dann wendet sich die Grundbedeutung, wie das in der Sprache gelegentlich stattfindet, ins Gegenteil, sie verwandelt sich, gleichsam vom Menschen angezogen, und so ist Fosca wohl die Verhüllte – auf Italienisch bedeutet »foschia« Dunst –, doch als eine weibliche Gestalt, die *schöne* Verhüllte, die dem Sehenden ihr Wesen öffnet.

Das Gebäude aber, das sich dem nähernden Auge gerade über dem Lagunenhorizont zeigt, ist ein Unzerstörbares, das mit der Kathedrale als einziges von der einst blühenden, später zerfallenen Stadt noch übriggeblieben ist.

Schriftsteller, Dichter und Künstler reisen seit Jahrhunderten nach Italien; ihre Beschreibungen und Darstellungen haben sich über das Land, seine Kunstwerke, Städte und Landschaften gelegt, und wir fahren eigentlich durch *ihr* Italien, dasjenige, das sie geprägt haben. In diesem Buch hier steht hingegen ein freier Mensch wieder allein und unmittelbar all diesen Dingen gegenüber. So ist dieses Buch auch eine Einübung darin, wie man auf jeder Reise, auch auf der Lebensreise, der Wirklichkeit begegnen kann.

Michael Picard